EX-LIBRIS
Este libro pertenece a

Castalia Prima

DIRECTOR:

Fernando Carratalá

José Martí · Felipe Trigo · Miguel de Unamuno ·
Ramón M.ª del Valle-Inclán · Rubén Darío ·
Vicente Blasco Ibáñez · Hermanos Álvarez Quintero ·
Pío Baroja · Azorín · Gabriel Miró

CUENTOS MODERNISTAS

Edición a cargo de
Félix Navas López
y
Eduardo Soriano Palomo

CASTALIA PRIMA

Zurbano, 39 - 28010 Madrid - Tel.: 91 319 58 57 - Fax: 91 310 24 42
www.castalia.es

Ilustración de cubierta:
Ramón Casas: *Joven decadente*
París, 1899. Museu de Montserrat.

Impreso en España - Printed in Spain

I.S.B.N.: 84-9740-118-2
Depósito Legal: M. 39.078-2004

Índice

A Ricardo, Eduardo, Almudena, Ignacio, María
y Teresa por la alegría y esperanza
de futuro que nos aportan

Presentación

El cuento Moderno

La tradición del género es muy antigua; las primeras colecciones de cuentos en España aparecen en la Edad Media, muy influenciadas por la cuentística árabe y oriental. Desde estas primeras colecciones, el cuento no ha dejado de evolucionar hasta nuestros días, pero el momento más importante para este subgénero épico es, sin duda, el siglo XIX. Con la etapa realista, el cuento deja de ser un género menor, convirtiéndose, junto con la novela, en uno de los hechos literarios más importantes en estos dos últimos siglos.

Cómo ya explicábamos en nuestra edición de los cuentos del Siglo de Oro, el concepto de cuento es un tanto ambiguo; se trata de una breve narración de sucesos ficticios y de carácter sencillo que puede tener una finalidad moral o estética.

Los cuentos que presentamos en esta edición tienen mayoritariamente una finalidad básicamente literaria.

Esta breve narración suele estar en prosa, aunque no faltan ejemplos de cuentos en verso, como el que proponemos de José Martí.

La tradición cuentística europea es muy antigua; desde la Edad Media y el Barroco los ejemplos de colecciones de cuentos se suceden. Pero en el siglo XIX este tipo de narraciones se convierten en obras con una finalidad claramente estética.

Grandes narradores, como Poe, Maupassant o Chéjov fuera de la cultura hispánica y los escritores que proponemos en nuestra selección van a desarrollar, como no se había hecho en otros tiempos, estas breves narraciones.

Durante este periodo se produce una renovación en la finalidad del cuento; hasta el siglo XIX la intención del autor era eminentemente práctica, en la mayoría de los casos los cuentos pretendían adoctrinar o enseñar al lector; ahora los escritores persiguen simplemente provocar una emoción estética.

Este cambio en la intención de la obra provocará una renovación en el resto de las características narrativas: la técnica se complica y perfecciona; los autores buscan la originalidad en los temas. Se crea, así, un nuevo género literario que, como dirán algunos autores, está a mitad de camino entre la novela y la poesía.

Características del cuento literario

De todas las características del cuento, la brevedad es la más importante, porque va a condicionar todas las restantes.

El autor de cuento, al contrario que ocurre en la novela, tiene que delimitar claramente el tema, núcleo argumental del cuento.

La brevedad condiciona también la narración. El mundo narrativo se condensa para que nada puede distraernos del tema. El autor necesita crear un clima que atrape al lector en la historia; todo lo superfluo tiene que desaparecer para dejar que la emoción y la tensión narrativa se apoderen del asombrado lector.

Sin embargo, esta condensación no impide la variedad temática. La necesidad de originalidad y belleza que tienen los autores modernos va a provocar una variedad en los temas que ensanchará las posibilidades del cuento hasta límites insospechados. La vida entera es susceptible de aparecer en un cuento: desde temas tan importantes como el amor humano y la solidaridad entre las personas, hasta aspectos tan insignificantes como los caballos del tiovivo o un escarabajo son motivos para los cuentos modernos.

Antología de cuentos

Para seleccionar los cuentos de esta antología hemos tenido unos criterios variados. El principal de todos es el de la fidelidad al título: autores modernistas y de la Generación del 98, pero esto plantea el problema, aún sin resolver, de qué autores pertenecen a estos dos movimientos. Nosotros hemos optado por un criterio amplio y así hemos incluido a algunos autores que en un análisis más riguroso habrían quedado fuera.

Queríamos dar una oportunidad a escritores que gozan de menor prestigio sin olvidar a los grandes de la literatura finisecular.

Por último, hemos pretendido también que la selección de los cuentos permita ver la evolución del cuento moderno, desde la sencillez de las narraciones de José Martí a la complejidad y perfección de Unamuno o Valle-Inclán.

Esperamos, querido lector, haber acertado y, sobre todo, que pases un rato agradable.

Cuentos modernistas

José Martí

José Martí (1853-1895), escritor y político cubano, era hijo de padres españoles. Su actividad política a favor de la independencia de Cuba le lleva a la condena a trabajos forzados, al destierro, a un largo peregrinar por varios países: México, Guatemala y Estados Unidos, entre otros, y, finalmente, a la muerte.

Como escritor, su obra Amistad funesta *(1885) está considerada como la primera novela modernista. Aparte de su actividad periodística y sus escritos de carácter político, destacan sus obras poéticas* Ismaelillo *(1882),* Versos sencillos *(1891) y* Versos libres, *que se publica póstumamente, en 1913.*

José Martí y su hija en Long Island, en 1890.

La Edad de Oro

José Martí publicó en Nueva York entre julio y octubre del año 1889, solamente cuatro números de su revista para los niños de América, titulada La Edad de Oro. *En estos cuatro números Martí se propuso hablar con todos los niños que hablan y leen en lengua castellana. El cuento titulado* Nené Traviesa *apareció publicado en el segundo número, correspondiente al mes de agosto.* Los zapaticos de rosa *es un cuento en verso publicado por Martí en septiembre, en el siguiente número de esta misma revista.*

NENÉ TRAVIESA

¡Quién sabe si hay una niña que se parezca a Nené! Un viejito que sabe mucho dice que todas las niñas son como Nené. A Nené le gusta más jugar a «mamá», o «a tiendas», o «a hacer dulces» con sus muñecas, que dar una lección de «treses y de cuatros» con la maestra que le viene a enseñar. Porque Nené no tiene mamá; su mamá se ha muerto, y por eso tiene Nené maestra. A hacer dulces es a lo que le gusta más a Nené jugar.

—¿Y por qué será?

—¡Quién sabe!

Será porque para jugar dulces le dan azúcar de veras; por cierto que los dulces nunca le salen bien de la primera vez.

—¡Son unos dulces más difíciles!

Siempre tiene que pedir azúcar dos veces. Y se conoce que Nené no quiere dar trabajo a sus amigas; porque cuando juega a paseo, o a comprar, o a visitar, siempre llama a sus amiguitas; pero cuando va a hacer dulces, nunca.

Y una vez le sucedió a Nené una cosa muy rara: le pidió a su papá dos centavos para comprar un lápiz nuevo, y se le olvidó en el camino, se le olvidó como si no hubiera pensado nunca en comprar el lápiz; lo que compró fue un merengue de fresa. Eso se supo, por supuesto; y desde entonces sus amiguitas no le dicen Nené, sino «Merengue de Fresa».

El padre de Nené la quería mucho. Dicen que no trabajaba bien cuando no había visto por la mañana a «la hijita». Él no le decía «Nené», sino «la hijita». Cuando su papá venía del trabajo, siempre salía ella a recibirlo con los brazos abiertos, como un pajarito que abre las alas para volar; y su papá la alzaba del suelo, como quien coge de un rosal una rosa. Ella lo miraba con mucho cariño, como si le preguntase cosas, y él la miraba con los ojos tristes, como si quisiese echarse a llorar. Pero en seguida se ponía contento, se montaba a Nené en el hombro, y entraban juntos en la casa, cantando el himno nacional. Siempre traía el papá de Nené algún libro nuevo, y se lo dejaba ver cuando tenía figuras; y a ella le gustaban mucho unos libros que él traía, donde estaban pintadas las estrellas, que tiene cada una su nombre y su color; y allí decía el nombre de la estrella colorada, y el de la amarilla, y el de la azul, y que la luz tiene siete colores, y que las estrellas pasean por el cielo, lo mismo que las niñas por un jardín. Pero no, lo mismo no, porque las niñas andan en los jardines de aquí para allá, como una hoja de flor que va empujando el viento, mientras que las estrellas van siempre en el cielo por un mismo camino, y no por donde quieren:

—¿Quién sabe?

Puede ser que haya por allá arriba quien cuide a las estrellas, como los papás cuidan acá en la tierra a las niñas. Sólo que las estrellas no son niñas, por supuesto, ni flores de luz, como parece de aquí abajo, sino grandes como este mundo y dicen que en las estrellas hay árboles, y agua, y gente como acá; y su papá dice que en un libro hablan de que uno se va a vivir a una estrella cuando se muere.

—Y dime, papá —le preguntó Nené— ¿por qué ponen las casas de los muertos tan tristes? Si yo me muero, yo no quiero ver a nadie llorar, sino que me toquen la música, porque me voy a ir a vivir en la estrella azul.

—¿Pero, sola, tú sola, sin tu pobre papá?

Y Nené le dijo a su papá:

—¡Malo, que crees eso!

Esa noche no se quiso ir a dormir temprano, sino que se durmió en los brazos de su papá.

¡Los papás se quedan muy tristes, cuando se muere en la casa la madre! ¡Las niñitas deben querer mucho, mucho a los papás cuando se les muere la madre!

Esa noche que hablaron de las estrellas trajo el papá de Nené un libro muy grande.

—¡Oh, como pesaba el libro!

Nené lo quiso cargar, y se cayó con el libro encima: no se le veía más que la cabecita rubia de un lado, y los zapaticos negros de otro. Su padre vino corriendo, y la sacó de debajo del libro, y se rió mucho de Nené, que no tenía seis años todavía y quería cargar un libro de cien años.

—¡Cien años tenía el libro, y no le habían salido barbas!

Nené había visto un viejito de cien años, pero el viejito tenía una barba muy larga, que le daba por la cintura. Y lo que dice la muestra de escribir, que los libros buenos son como los viejos:

—Un libro bueno es lo mismo que un amigo viejo —eso dice la muestra de escribir.

Nené se acostó muy callada, pensando en el libro.

—¿Qué libro era aquel, que su papá no quiso que ella lo tocase?

Cuando se despertó, en eso no más pensaba Nené. Ella quiere saber qué libro es aquel. Ella quiere saber cómo está hecho por dentro un libro de cien años que no tiene barbas.

Su papá está lejos, lejos de la casa, trabajando para ella, para que la niña tenga casa linda y coma dulces finos los domingos, para comprarle a la niña vestiditos blancos y cintas azules, para guardar un poco de dinero, no vaya a ser que se muera el papá, y se quede sin nada en el mundo «la hijita». Lejos de la casa está el pobre papá, trabajando para «la hijita». La criada está allá adentro, preparando el baño. Nadie oye a Nené; no la está viendo nadie. Su papá deja siempre abierto el cuarto de los libros. Allí está la sillita de Nené, que se sienta de noche en la mesa de escribir, a ver trabajar a su papá. Cinco pasitos, seis, siete... ya está Nené en la puerta, ya la empujó, ya entró.

—¡Las cosas que suceden!

Como si la estuviera esperando estaba abierto en su silla el libro viejo, abierto de medio a medio. Pasito a pasito se le acercó Nené, muy seria, y como cuando uno piensa mucho, que camina con las manos a la espalda.

Por nada en el mundo hubiera tocado Nené el libro; verlo no más, no más que verlo. Su papá le dijo que no lo tocase.

El libro no tiene barbas; le salen muchas cintas y marcas por entre las hojas, pero esas no son barbas.

—¡El que sí es barbudo es el gigante que está pintado en el libro!

Y es de colores la pintura, unos colores de esmalte que lucen, como el brazalete que le regaló su papá.

—¡Ahora no pintan los libros así!

El gigante está sentado en el pico de un monte, con una cosa revuelta, como las nubes del cielo, encima de la cabeza; no tiene más que un ojo, encima de la nariz. Está vestido con un blusón, como los pastores, un blusón verde, lo mismo que el campo, con estrellas pintadas, de plata y de oro; y la barba es muy larga, muy larga, que llega al pie del monte; y por cada mechón de la barba va subiendo un hombre, como sube la cuerda para ir al trapecio el hombre del circo.

—¡Oh, eso no se puede ver de lejos!

Nené tiene que bajar el libro de la silla.

—¡Cómo pesa este pícaro libro!

Ahora sí que se puede ver bien todo. Ya está el libro en el suelo.

Son cinco los hombres que suben: uno es un blanco, con casaca y con botas, y de barba también.

—¡Le gustan mucho a este pintor las barbas!

Otro es como indio, sí, como indio, con una corona de plumas, y la flecha a la espalda; el otro es chino, lo mismo que el cocinero, pero va con un traje como de señora, todo lleno de flores; el otro se parece al chino, y lleva un sombrero de pico, así como una pera; el otro es negro, un negro muy bonito, pero está sin vestir.

—¡Eso no está bien, sin vestir! ¡Por eso no quería su papá que ella tocase el libro!

No, esa hoja no se ve más, para que no se enoje su papá.

—¡Muy bonito que es este libro viejo!

Y Nené está ya casi acostada sobre el libro, y como si quisiera hablarle con los ojos.

—¡Por poco se rompe la hoja!

Pero no, no se rompió. Hasta la mitad no más se rompió. El papá de Nené no ve bien. Eso no lo va a ver nadie.

—¡Ahora sí que está bueno el libro este! Es mejor, mucho mejor que el arca de Noé. Aquí están pintados todos los animales del mundo. ¡Y con colores, como el gigante! Sí, ésta es; esta es la jirafa comiéndose la luna. Este es el elefante, el elefante con ese sillón lleno de niñitos. ¡Oh, los perros, cómo corre, cómo corre este perro! ¡Ven acá, perro! ¡Te voy a pegar, perro, porque no quieres venir!

Y Nené, por supuesto, arranca la hoja.

—¿Y qué ve mi señora Nené?

Un mundo de monos es la otra pintura. Las dos hojas del libro están llenas de monos: un mono colorado juega con un monito verde; un monazo de barba le muerde la cola a un mono tremendo, que anda como un hombre, con un palo en la mano; un mono negro está jugando en la yerba con otro amarillo.

—¡Aquellos, aquellos de los árboles son los monos niños! ¡Qué graciosos! ¡Cómo juegan! ¡Se mecen por la cola, como el columpio! ¡Qué bien, qué bien saltan! ¡Uno, dos, tres, cinco, ocho, dieciséis, cuarenta y nueve monos agarrados por la cola! ¡Se van a tirar al río! ¡Se van a tirar al río! ¡Visst! ¡Allá van todos!

Y Nené, entusiasmada, arranca al libro las dos hojas.

¿Quién llama a Nené, quién la llama?

Su papá, su papá, que está mirándola desde la puerta.

Nené no ve. Nené no oye. Le parece que su papá crece, que crece mucho, que llega hasta el techo, que es más grande que el gigante del monte, que su papá es un monte que se le viene encima. Está callada, callada, con la cabeza baja, con los ojos cerrados, con las hojas rotas en las manos caídas. Y su papá le está hablando:

—¿Nené, no te dije que no tocaras ese libro? ¿Nené, tú no sabes que ese libro no es mío, y que vale mucho dinero, mucho? ¿Nené, tú no sabes que para pagar ese libro voy a tener que trabajar un año?

Nené, blanca como el papel, se alzó del suelo, con la cabecita caída, y se abrazó a las rodillas de su papá:

—¡Mi papá —dijo Nené— mi papá de mi corazón! ¡Enojé a mi papá bueno! ¡Soy mala niña! ¡Ya no voy a poder ir cuando me muera a la estrella azul!

LOS ZAPATICOS DE ROSA

A mademoiselle[1] *Marie: José Martí*

Hay sol bueno y mar de espuma,
y arena fina, y Pilar
quiere salir a estrenar
su sombrerito de pluma.
—«¡Vaya la niña divina!»—
Dice el padre, y le da un beso:
—«Vaya mi pájaro preso
a buscarme arena fina.»
—«Yo voy con mi niña hermosa»,—
Le dijo la madre buena:
—«¡No te manches en la arena
los zapaticos de rosa!»
Fueron las dos al jardín
por la calle del laurel:
la madre cogió un clavel

[1] *mademoiselle:* voz francesa que significa señorita.

y Pilar cogió un jazmín.
Ella va de todo juego,
con aro, y balde,[2] y paleta:
el balde es color violeta:
el aro es color de fuego.
Vienen a verlas pasar:
nadie quiere verlas ir:
la madre se echa a reír,
y un viejo se echa a llorar.
El aire fresco despeina
a Pilar, que viene y va
muy oronda: —«¡Di, mamá!
¿Tú sabes qué cosa es reina?»
y por si vuelven de noche
de la orilla de la mar,
para la madre y Pilar
manda luego el padre el coche.
Está la playa muy linda:
todo el mundo está en la playa:
lleva espejuelos el aya
de la francesa Florinda.
Está Alberto, el militar
que salió en la procesión
con tricornio y con bastón,
echando un bote a la mar.
¡Y qué mala, Magdalena
con tantas cintas y lazos,
a la muñeca sin brazos
enterrándola en la arena!

2 *balde:* cubo.

Conversan allá en las sillas,
sentadas con los señores,
las señoras, como flores,
debajo de las sombrillas.
Pero está con estos modos
tan serios, muy triste el mar:
¡Lo alegre es allá, al doblar,
en la barranca de todos!
dicen que suenan las olas
mejor allá en la barranca,
y que la arena es muy blanca
donde están las niñas solas.
Pilar corre a su mamá:
—«¡Mamá, yo voy a ser buena:
déjame ir sola a la arena:
allá, tú me ves, allá!»
—«¡Esta niña caprichosa!
no hay tarde que no me enojes:
anda, pero no te mojes
los zapaticos de rosa.»
Le llega a los pies la espuma:
gritan alegres las dos:
y se va, diciendo adiós,
la del sombrero de pluma.
¡Se va allá, donde ¡muy lejos!
Las aguas son más salobres,
donde se sientan los pobres,
donde se sientan los viejos!
se fue la niña a jugar,
la espuma blanca bajó,
y pasó el tiempo, y pasó

un águila por el mar.
Y cuando el sol se ponía
detrás de un monte dorado,
un sombrerito callado
por las arenas venía.
Trabaja mucho, trabaja
para andar: ¿qué es lo que tiene
Pilar que anda así, que viene
con la cabecita baja?
Bien sabe la madre hermosa
por qué le cuesta el andar:
—«¿Y los zapatos, Pilar,
los zapaticos de rosa?
«¡Ah, loca! ¿en dónde estarán?
¡Di dónde, Pilar!» —«Señora»,
dice una mujer que llora:
«¡Están conmigo: aquí están!»
«Yo tengo una niña enferma
que llora en el cuarto oscuro
y la traigo al aire puro
a ver el sol, y a que duerma.
«Anoche soñó, soñó
con el cielo, y oyó un canto:
me dio miedo, me dio espanto,
y la traje, y se durmió.
«Con sus dos brazos menudos
estaba como abrazando:
y yo mirando, mirando
sus piececitos desnudos.
«Me llegó al cuerpo la espuma,
alcé los ojos, y vi

esta niña frente a mí
con su sombrero de pluma.
«—¡Se parece a los retratos
tu niña!» dijo: «¿Es de cera?
¿Quiere jugar? ¡si quisiera!...
¿Y por qué está sin zapatos?
«Mira: ¡la mano le abrasa,
y tiene los pies tan fríos!
¡Oh, toma, toma los míos:
yo tengo más en mi casa!»
«No sé bien, señora hermosa,
lo que sucedió después:
¡le vi a mi hijita en los pies
los zapaticos de rosa!»
Se vio sacar los pañuelos
a una rusa y a una inglesa;
el aya de la francesa
se quitó los espejuelos.
Abrió la madre los brazos:
se echó Pilar en su pecho,
y sacó el traje deshecho,
sin adornos y sin lazos.
Todo lo quiere saber
de la enferma la señora:
¡No quiere saber que llora
de pobreza una mujer!
—«¡Sí, Pilar, dáselo! ¡y eso
también! ¡tu manta! ¡tu anillo!»
y ella le dio su bolsillo,
le dio el clavel, le dio beso.

Vuelven calladas de noche
a su casa del jardín:
y Pilar va en el cojín
de la derecha del coche.
Y dice una mariposa
que vio desde su rosal
guardados en un cristal
los zapaticos de rosa.

Felipe Trigo

Felipe Trigo (1864-1916), médico militar de profesión, se distinguió en la campaña de Filipinas; pero abandonó su profesión y se dedicó de lleno a la literatura, campo en el que adquirió gran popularidad. Entre sus novelas, que sirven de nexo entre el Naturalismo y el Novecentismo, destacan El médico rural *(1912) y* Jarrapellejos *(1914).*

Felipe Trigo.

Caricatura de F.G. Fresno
para la publicación en *La novela teatral* (nº 1, 1916)
de *Trata de Blancas*.

Cuentos ingenuos

Recopilación de cuentos publicada en 1909. En los cuentos seleccionados se ponen de manifiesto, por un lado, los engaños que produce la imaginación, un fino toque sensual y colorista, y el retrato de la mujer romántica, dulce y enamorada; por otro, la preocupación por lo social, propia de la conexión del autor con el Naturalismo.

EL ORO INGLÉS

Leía yo, acostado, tratando de dormirme, *El Imparcial*.[1] De pronto, sobre el cielo raso sonoro como el parche de un tambor —¡oh estas casas nuevas de ladrillo y hierro!— sentí los pasos menuditos. Aquella noche me intrigaron más. Por la tarde había sostenido este diálogo con la camarera de la fonda:

—¿Quién duerme arriba?

—La inglesita.

—¿Qué inglesita?

—Una joven que ocupa dos habitaciones. La contigua, para su institutriz.

—No la conozco.

—Come en su cuarto. Sin embargo, ha debido usted de verla en la playa todas las mañanas.

—¿Guapa?

—La mar.

Dejé caer el periódico, y me quedé fijo en el techo.

¡Si fuese de cristal!

[1] *El Imparcial:* periódico del siglo XIX.

Las maniobras de siempre. Mi habitación tenía la cama en un ángulo del fondo. Igual estaría colocada la cama en la de encima, y allá se habían dirigido los pasos: la inglesita levantaría el embozo... Después sentí el dulce y picado taconeo hacia el rincón opuesto. ¿El tocador?... Ella, frente al espejo, se quitaría las peinetas, las sortijas, el leve abrigo de sedas con que habría vuelto acaso de oír en el bulevar los conciertos de orfeones... Se despojaba. Media hora. La niña se extasiaba con su imagen. Era, pues, cuando menos, lo menos coqueta que puede ser una joven cuando no es tonta, aunque sea inglesa. Vagó enseguida por la alcoba. Mis ojos la seguían con toda precisión en el techo... ¡Ah, si fuese el techo de cristal! No muy alta, ni muy gruesa, sin duda, a juzgar por el *peso* leve de sus pasos; aunque sí nerviosa y vivaracha. Cruzaba de uno a otro lado con ese mariposeo de toda mujer bien vestida al desnudarse; por consecuencia, un dato más: elegante.

Volvió al centro, y un roce indefinible me hizo adivinar su vestido y su enagua cayendo a sus pies. Habría jurado que la estaba viendo, toda recta aún en el ruedo de estas ropas por el suelo, desenlazarse el corsé: doblarse después a recogerlo todo y llevarlo a la percha taconeando más ligera..., en camisa, no sin lanzar de vuelta una caricia de mimo a su escote, en el espejo... Y, ¡qué estupidez!... He aquí una cosa que yo no *veía* bien: cómo tendría los senos una joven inglesita; ¿anchos, semiesféricos, de amplia base, como las españolas? ¿Separados y rebotantemente movibles, como las francesas? ¿De media toronja,[2] como las indias de aquel Ceilán de mis ensueños de un día?...

[2] *toronja:* fruta similar al limón.

Tornaba, tornaba la inglesita a mi vertical; es decir, a su lecho, que chirrió al sentarse ella en el borde. Iba a descalzarse. Un golpe seco: una bota al suelo. Una bota pequeña, dulcísima, que habría dejado al aire un pie calentito, cubierto por una media de seda tensa como un guante, y azul Luzbel, de seguro. Una pierna sobre la otra... ¡Oh, cómo miraba yo de abajo arriba y cómo la virgínea[3] *miss* no supondría que *era el techo de cristal!*

La otra bota al suelo. Y la cama volvió a crujir inmediatamente, en gemidos amorosos del somier al recibir el cuerpo. Mas, ¿era entonces que se acostaba con medias?

Nada... al poco. *Ella* que fantasearía supiese Venus[4] qué cielos de juventud, y yo en mi solitario cuarto, con *El Imparcial* sobre la colcha, con los ojos fijos en aquel techo blanco que no tenía un escotillón por donde yo... ¡Bah, qué idiotas hosteleros y qué techos tan estúpidos!

Me quedaba la imaginación proponiéndome problemas. Recorría el desorden delicioso del cuarto aquel de mi extraña vecina con el vestido en la butaca, con el corsé a medio colgar del niquelado clavo de la percha, dejando caer sus broches de las ligas sobre el blanquísimo pantalón orlado de encajes; con aquel aire oliente a perfumes de tocador y de chiquilla bonita, con aquella cama en que ella al fin dormiría derramando por la almohada su cabellera de oro británico, y abandonando sobre la cubierta cielo sus desnudos brazos delgados y flexibles...

¡Dios! ¡Gran Dios! ¡El oro británico! ¡El oro famoso inglés que yo no conocía ni en libras esterlinas, ni en amorosos rincones!... Porque hay tremendos detalles en que la

[3] *virgínea:* virginal. [4] *Venus:* diosa romana del amor y la belleza.

imaginación se pierde: por ejemplo, la mía, sobre las laxas[5] y lisas y doradas cabelleras inglesas, no podía concebir los rizados breves... ¡Sí, sí, lo que fuera horrible en una corta laxitud!... ¡Horrible! ¡Horrible!

* * *

La imaginación es una solemnísima embustera y una infeliz inocente.

Aquella vez tan sólo no me había engañado en que la niña era preciosa y delgada y adorable. Pero ni el tocador estaba a la izquierda de la puerta, ni *ella* dormía nunca con los brazos fuera del embozo, ni se sentaba en la cama para descalzarse jamás, ni sus medias eran azul Luzbel... sino negras, caladas.

¡Ah!, y además no debe uno aventurar temerarias deducciones sobre la laxa y lisa cabellera de las dulces inglesitas.

[5] *laxas:* suaves.

LA PRIMERA CONQUISTA

Me había dado mi tía dos reales[6] y compré con ellos todo lo siguiente:

Cinco céntimos de pitillos.

Dos céntimos de fósforos de cartón.

Ocho céntimos de americanas.[7]

Diez céntimos de peladillas de Elvas.[8]

Y un mi buen real de *confetti*, porque era carnaval.

Con todas estas cosas, convenientemente repartidas por los bolsillos, excepto un cigarro, que echaba en mi boca más humo que una fábrica de luz, me dirigí a San Francisco por la calle de Santa Catalina abajo, marchando tan arrogante y derecho que no pude menos de creer que un capitán, que durante un rato fue detrás, pensaría:

[6] *dos reales:* moneda antigua que tenía un valor de 50 céntimos de peseta. En euros —moneda de la Unión Europea, desde 2002, y que equivale a 166,386 pts.—, 0,003 céntimos. [7] *americanas:* variedad de almendras. [8] *peladillas de Elvas:* almendras confitadas típicas del pueblo portugués del mismo nombre.

—Será militar éste muchacho.

El paseo estaba animadísimo. Pronto hallé amigos y caras conocidas entre las nenas. Yo reservaba mis *confetti* (que entonces no se llamaban así) para Olimpia, la morenilla que iba a la escuela frente al instituto. Pero Soledaíta, una rubia traviesa que al brazo con sus compañeras nos tropezó en la revuelta de un boj,[9] se dirigió a mí resueltamente, mordió su cartucho de papeles y me lo regó por los hombros.

Soledad era muy mona (y aún creo que lo es). Yo salí del lance lleno de vanidad; y haciendo una vuelta hábil por los jardines, volví a encontrarme frente a frente con ella. Llevaba en cada mano dos cartuchos, me adelanté hacia la rubilla traviesa y los sacudí con saña sobre su cabeza, que quedaba poco después, y los encajes de su vestido de medio largo, como si les hubiera caído una nevada de copos de mil colores. Mis papeles eran finos; de lo más caro que se vendía, con mucho rojo, azul y dorado... Cuando Soledad pudo abrir los ojos, limpiándose entre carcajadas los papelillos de las pestañas, le ofrecí almendras. Ella me dio un caramelo de los Alpes.

—¡Declárate, no seas tonto! —dijeron mis amigos con envidia. Y sobre todo, con interés egoísta, Juan, que rondaba a otra muchacha prima de Soledad—. Así pasearíamos juntos la misma calle.

Fui al aguaducho[10] de enfrente, donde tenía mis ciertos conocimientos, porque allí nos convidamos unos a

[9] *boj:* arbusto de unos cuatro metros de altura. Su madera es amarilla, dura y compacta. [10] *aguaducho:* puesto de refrescos veraniegos y bebidas.

otros a anís en tiempos de exámenes, y escribí en el mejor papel que pude:

«Señorita: hace ya mucho tiempo que mi corazón, impulsado por los resortes misteriosos del amor, se agita extraordinariamente en el océano de las incertidumbres. Sí, desde que vi la divina luz de sus ojos perdí el sosiego; y si le interesa a usted la felicidad de un pobre desesperado de la vida, désela usted con un anhelado sí de bienandanza a quien por usted se muere a la vez que se ofrece su más rendido servidor, q. s. p. b...».[11]

Diez minutos después, sombrero en mano y con toda la finura posible, estaba delante de Soledad:

—¿Señorita, será usted tan amable que quiera aceptar esta carta?

—¡Pronto, que nos va a ver mi criada! —dijo, arrebatándola y guardándosela arrugada en el peto de la blusa.

Uno de mis amigos, que vigilaban la escena escondidos en los rosales, gritó en este momento:

—¡Cu, cu!

Así lo hubiera partido un rayo.

—Y diga usted, señorita, ¿cuándo me entregará usted la ansiada contestación?

—Mañana.

—¿Aquí?

—Sí, hombre. No sea usted pesado.

Y dio un revuelo y se unió a las otras.

Yo me quedé como tonto, sintiendo unos como calambres del corazón, admirado de mi osadía y encantado de fortuna. No hablé más en toda la tarde y hubiese dado

[11] *q.s.p.b.:* que sus pies besa.

todas las almendras y los cacahuetes que me quedaban porque llegara enseguida la siguiente.

Pero aquella noche fui con mi familia a ver *Don Juan Tenorio,*[12] que ponían en el teatro fuera de época, no sé por qué. Y a la salida pillé unas anginas como para mí solo. Ocho días de cama, con fiebre. Los autores no han podido averiguar si en los delirios de mis cuarenta grados puse el nombre de *Soledad;* pero lo que sí recuerdo bien es que al tercer día de convalecencia se me entregó una carta suya, con todos los signos en el sobre de haber sido abierta, y con todas las señales en la cara de mis parientes de haberse reído de la carta y de mí.

«Caballero —decía la carta—, a la rendida pasión que me pinta usted en la suya, y que yo creo sinceramente, no puedo ofrecer otro premio que el de la amistad. Si usted sabe ganarse mi corazón, sólo Dios puede decir el porvenir que nos reserva; s. s. s.,[13] *Soledad*».

Y añadía por debajo:

«No pase mucho por mi calle, porque mi papá pudiera berlo y hecharle a husted un jarro de agüa el domingo al anochecer puede husted hablarme en mi bentana».

Bueno, salvo la letra, que era de segunda, y la posdata, que era original, la epístola no estaba mal copiada. Era precisamente el modelo que continuaba a la mía en el *Epistolario del amor para uso de damas y galanes.*[14]

* * *

[12] *Don Juan Tenorio:* obra teatral de José de Zorrilla que se representó por primera vez en 1844. [13] *s.s.s.:* Su segura servidora. [14] *Epistolario del amor para uso de damas y galanes:* tipo de libro de moda a finales del XIX y principios del XX, que tenía como finalidad servir de modelo para la práctica de la relación epistolar.

Desde entonces, Juan y yo rondábamos juntos a las primitas. Fueron nuestras novias muchos meses. Siempre que anochecido las encontrábamos reunidas en la reja, nos deteníamos. Cuando en la reja estaba una y pasábamos los dos, también; y hasta se dio el caso de que uno solo se parase en la ventana con ambas.

Lo que no llegó a ocurrir jamás fue que uno solo se atreviera a acercarse cuando su novia estaba sola.

Una vez me sucedió a mí, por excepción y por pura sorpresa, y pasé las de San Quintín.[15]

¿Qué demonios iba yo a decirle?

[15] *pasar las de San Quintín:* frase hecha que significa pasarlo muy mal.

LA TOGA

Para muchos niños hay en muchas capitales, Madrid entre ellas, una escuela más pública que las escuelas públicas: la calle.

Su rector es la miseria, sus aulas el descuido y la ocasión, sus bedeles los guardias. Está abierta siempre.

A media noche, cuando cruzáis las anchas calles desiertas, un poco encantados de oír vuestro taconeo en la acera y de tener para vosotros nada más las luces brillando, como las que en avenidas de imperial palacio aguardan la retirada del señor, una cosa se os pone delante y se os enreda entre las piernas. Es un periódico extendido, que anda solo, detrás del cual se divisan luego los pies, la cabeza y las manos del que lo sostiene, como en las clásicas viñetas anunciadoras.

—¡Señolito, *El helaldo*![16] —dice un chicuelo tan alto como el periódico.

[16] *El helaldo:* vulgarismo por *El Heraldo de Madrid:* periódico que, junto con la *Correspondencia de España,* fue muy importante a principios del siglo XX.

Cubierta de la edición original de la revista *La Edad de Oro* (New York, 1899).

«[*La Edad de Oro*] ha de ser para ayudar a llenar nuestras tierras de hombres originales, criados para ser felices en la tierra en que viven, y vivir conforme a ella, sin divorciarse de ella, ni vivir infecundamente en ella, como ciudadanos retóricos.»

José Martí: Carta a Manuel Mercado (3 de agosto de 1899).

Niño vendiendo *El Heraldo*.
Dibujo de Tomás Muñoz Lucena para Blanco y Negro, 1898.

«—Esos pobres niños de *El helaldo* y *La colespondencia* muestran la misma curiosidad y voluntad de aprender que todos los de su edad, cuando se empieza a desplegar su alma. La tienen blanca, de ángel, y con ella han empezado su carrera y se aplican en *su primera enseñanza*.»

Felipe Trigo: *La toga*.
(pág. 48)

Ha surgido de un portal, del biombo de Fornos,[17] donde del frío se amparaba, tendido sobre un montón de niños, que pisaban los trasnochadores. Un brazo que se retira o una pata que se encoge: esto es todo. «Los golfos», piensa el que sale; y por los miembros entrelazados allí, es tan incapaz de calcular el número de muchachos como de averiguar por las roscas movibles y viscosas el de un pelotón de lombrices.

Yo me he fijado alguna vez en los chiquillos de *El helaldo*. Los hay rubios, con caras bonitas y tan dulces como las de todos los niños de tres años. Sus bocas sonríen con ingenuidad confiada y sus ojos son vivos e inteligentes. Piden *una peladilla* o brindan su mercancía alargando la manita aterida, a no importa quién, con la amorosa gracia con que pedirían un beso a sus padres, si los conocieran. He buscado con insistencia entre ellos al *criminal nato,* de Lombroso,[18] para conocerlo así, pequeñito. En vano. Frentes abultadas y sortijillas de seda..., como todos los niños, en fin.

«¡Los golfos!» es cuanto dice al verlos el hombre grave, lo mismo que dice bajo los árboles del Retiro: «¡Los mosquitos!». El que más, recuerda en ellos a *Gavroche,*[19] los halla chistosos y simpáticos, y se figura que van a ser eternamente gorriones de la gran ciudad, para dormir en los huecos de las estatuas y saltar de día al frente de los batallones. Está bien, pues; que no hagan nada; ya servirán de efecto armónico a los poetas, como las golondrinas y las hierbas de las tapias. El orden social, que por dos pesetas

17 *Fornos:* famoso café que estaba situado en la calle Fornos de Madrid.
18 *Lombroso:* famoso criminólogo italiano (1835-1909). 19 *Gavroche:* personaje infantil y golfillo de la novela *Los miserables* (1862), de Victor Hugo.

se encarga un guardia de representar, mira a los golfos y les da una patada de cuando en cuando.

¡Ah, pero se es injusto en tratarlos así de haraganes! Distan de serlo. Esos pobres niños de *El helaldo* y *La colespondencia* muestran la misma curiosidad y voluntad de aprender que todos los de su edad, cuando se empieza a desplegar su alma. La tienen blanca, de ángel, y con ella han empezado su carrera y se aplican en *su primera enseñanza*.

¡Y qué no les enseñan los puntapiés de orden público! A los seis años ya saben correr y quitar pañuelos, mirando con un ojo al bolsillo y con el otro al guardia. Es el ingreso de bachillerato. Mientras lo cursan, los agentes siguen observándolos con atención, llevándolos tal cual vez a recoger diplomas en la prevención del distrito, y repartiéndoles trompadas y pescozones. Aunque con filosofía: «Aún no estorban», dice la sociedad. Y como no estorban, hasta los quince o veinte años, filiados ya en los gubernamentales registros, se pasan la vida, a fuer[20] de *estudiantes* alegres, corriendo de los guardias en la calle y convidándolos a cariñena en las tabernas.

Facultad Mayor. Se indica por el ingreso del educando en la cárcel, a consecuencia de un robo o de un navajazo en quimera.[21] Cosa leve y grandes adelantos. El que no es completamente imbécil, saca la *licenciatura* en tres años, y como ya está hecho lo más, he aquí que viene un día el saqueo del palacio de un marqués, en cuadrilla, con asesinato del dueño...

[20] *a fuer:* apócope de *a fuerza.* [21] *quimera:* uso poco frecuente por disputa, riña.

La sociedad se conmueve.

Ese hombre —dice frunciendo el ceño ante el asesino— estorba ya. Venguémonos; ha terminado su carrera.

Y efectivamente, entra poco después en el calabozo; le pesan y miden los antropólogos; encuentran que tiene la frente deprimida, el pelo lanoso y áspero, las orejas en asa y los pómulos salientes. No recuerdan ya que cuando pequeñín tenía la cabeza de los angelillos, cuando pregonaba *El helaldo,* ni recuerdan que la ferocidad de su sonrisa con dientes de caballo había sido primero, «en boca de niño, sonrisa de amor».

—¡Criminal nato! —gritan los antropólogos.

Porque, eso sí; la ciencia es rotunda.

Ha terminado su carrera. Se le viste la toga y el birrete[22] de los ajusticiados. Es decir, la toga.

* * *

Cuando menos eso me pareció a mí una tarde muy triste en que yo pude contemplar a un hombre con bonete y sotana negra, sentado junto a un palo, agarrotado por el pescuezo y con la lengua fuera.

Tenía yo también recién ganada mi toga, y no sé qué extraños giros de pensamiento hiciéronme ver un poco de vergüenza en mi traje talar y un poco de grandeza entre los pliegues de aquella túnica que envolvía a aquel muerto con la cabeza tronchada y el gesto de apocalíptico[23] reproche...

[22] *toga y birrete:* atributos propios del que se gradúa en la universidad.
[23] *apocalíptico:* terrorífico, espantoso.

¡Quizá emprendimos la *carrera* al mismo tiempo! Yo, en el regazo de mi madre. Él, en el desprecio de la humanidad.

Y me estremecí al pensar que si hubiese sido lo contrario, yo sería entonces el ahorcado, y el ahorcado el doctor.

Miguel de Unamuno

Miguel de Unamuno (1864-1936), nació en Bilbao y fue catedrático de griego y rector de la Universidad de Salamanca, ciudad en la que murió. Se definió a sí mismo como hombre de «contradicción y lucha»; característica ésta que sobresale en el tratamiento de los temas sociales y existenciales dominantes en su obra. Cultivó todos los géneros, destacando en el ensayo, Vida de Don Quijote y Sancho *(1905) y* Del sentimiento trágico de la vida en los hombres y en los pueblos *(1913), y en la novela,* Niebla *(1914) y* San Manuel Bueno, mártir *(1930).*

Miguel de Unamuno.

Dibujo a lápiz de Gamonal
publicado en *La Esfera* (enero de 1914).

Relatos novelescos

Los cuentos de Unamuno se caracterizan por ser breves y por anteponer los sentimientos e ideas de los personajes a la ficción. El autor se refleja en sus personajes conviviendo y hablando con ellos. En estos cuentos se anteponen el ingenio, el humorismo, las paradojas, tan propias del autor, al interés que pudiera tener el argumento. Los cuatro cuentos que figuran a continuación los publicó el autor entre 1891 y 1905.

EL DESQUITE

Después de cavilar muy poco he rechazado el uso que emplea la voz galicana[1] «revancha», y me atengo al abuso, quiero decir, al purismo que nos manda decir «desquite». Que nadie me lo tenga en cuenta.

Esto del desquite es de una actualidad feroz, ahora que todos estamos picados de internacionalismo belicoso.[2]

* * *

Luis era el gallito de la calle y el chico más rencoroso del barrio; ninguno de su igual le había podido, y él a todos había zurrado la badana. Desde que dominó a Guillermo, no había quien le aguantara. Se pasaba el día cacareando y agitando la cresta: si había partida, la acaudillaba; se divertía en asustar a las chicas del barrio por molestar a los hermanos de éstas; se metía en todas partes y a callar todo Cristo, ¡a callar se ha dicho!

[1] *voz galicana:* relativo a la lengua francesa. [2] *belicoso:* guerrero.

¡Que se descuidara uno!

—¡Si no callas te inflo los papos de un revés...!

¡Era un mandarín, un verdadero mandarín! Y como pesado, ¡vaya si era pesado! Al pobre Enrique, a Enrique el tonto, no hacía más que darle papuchadas,[3] y vez hubo en que se empeñó en hacerle comer greda[4] y beber tinta.

¡Le tenían una rabia los de la calle!

Guillermo, desde la última felpa,[5] callaba y le dejaba soltar cucurrucús y roncas,[6] esperando ocasión y diciéndose: «Ya caerá ese rencoroso».

A éste, los del barrio, aburridos del gallo, le hacían «chápale, chápale»,[7] yéndole y viniéndole con recaditos a la oreja.

—Dice que le tienes miedo.

—¿Yo?

—¡Dice que te puede!

—¡Dice que cómo rebolincha[8]...!

—¡Sí, las ganas!

Se encontraron en el campo una mañana tibia de primavera; había llovido de noche y estaba mojado el suelo. A los dos, Luis y Guillermo les retozaba la savia en el cuerpo, los brazos les bailaban, y los corazones a sus acompañantes, que barruntaban morradeo.[9]

Sobre si fue el uno o fue el otro quien derribó un cochorro[10] de una pedrada, tuvieron palabras.

[3] *papuchada:* proveniente de la palabra *papo*, porción de comida que se da de una vez al ave de rapiña. [4] *greda:* arcilla arenosa. [5] *felpa:* zurra de golpes. [6] *cucurrucús y roncas:* burlas y amenazas con chulería. [7] *chápale:* golpéale. [8] *rebolincha:* en sentido figurado, golpea. [9] *morradeo:* golpes en la cara. [10] *cochorro:* abejorro.

El cochorro estaba en el suelo, panza arriba, suplicando paz con el pataleo de sus seis patitas, esperando a que por él y junto a él se decidiera la hegemonía del barrio.

—¡Sí ...! ¡Tú, tu echar, roncas nada más no sabes...!

—¿Roncas? ¿Roncas yo? ¡Si te doy uno!

Hacía que se iba con desdén digno, y volvía.

—¡Calla y no me provoques!

—¡Ahí va!, provoques —exclamó uno de los mirones—, provoques..., provoques... ¡Qué farolín, para que se le diga que sabe!

Los circunstantes les azuzaban.

—¡Anda, pégale!

—¡Chápale a ése!

—¿Le tienes miedo?

—¿Miedo yo?

—¡Mójale la oreja!

—¡Tírale saliva!

—¡Llámale aburrido!

—¡Provócale, anda provócale!

Todos soltaron el trapo a reír al oír esto. Luis se puso como un tomate, y se acercó a imponer correctivo al burlón.

—¡Déjale quieto! —le gritó Guillermo.

—¡Y a ti también si chillas mucho!

—¿A mí?

Luis le dio un empellón, se lo devolvió Guillermo, siguió un moquete[11] y se armó la gresca. Los mirones les animaban y saltaban de gusto. Uno de éstos se puso a rezar por Guillermo.

[11] *moquete:* puñetazo dado en las narices.

—Ojalá gane Guillermo. Ojalá, amén... Ojalá gane... Ojalá gane...

Se separaban para dar vuelo al brazo y descargarlo con más brío.

Al principio llevaban la mano a la parte herida y tomaban tiempo para devolver el golpe; después menudeaban los embistes sin darse reposo.

—Ojalá gane... Ojalá gane... Ojalá gane...

—¡Échale la zancadilla!

Cayeron al fin al suelo mojado, Luis debajo, y al caer aplastaron al cochorro que imploraba piedad con sus patitas. Guillermo sujetó con las rodillas los brazos del enemigo, y mientras éste forcejeaba, el otro, resudado, rojo de faz, irradiando alegría, feroz los ojos, le decía entre resoplidos:

—¿Te rindes?

—¡No!

Y le descargaba un puñetazo en los hocicos.

—¿Te rindes?

—¡No!

Otro puñetazo más, y así siguió hasta que le hizo sangrar por las muelas.

En aquel momento, uno de los mirones exclamó:

—¡Agua..., agua..., agua!

Era que venía el alguacil, el muy pillo cautelosamente, haciéndose el distraído, como tigre de caza. Al verle, abandonaron todos el campo echando a correr. Y el alguacil, al escapársele la presa, los amenazaba desde lejos con el bastón.

Entraron en la calle, el vencedor rodeado de los testigos de su triunfo y sin hacer caso a Eugenio, que le repetía:

—¡He rezado por ti! ¡He rezado por ti!

Poco después entró el vencido sangrando por la boca, embarrado, hosco[12] y murmurando:

—¡Ya caerá! ¡Ya caerá!

¡Qué corte rodeó desde aquel día a Guillermo!

En la calle bailaban todos de contento; ya no temían al roncoso, ya podían decirle:

—Te ha podido Guillermo.

Quien más atenciones prodigó a éste fue Eugenio.

El cual tenía un hondísimo sentimiento de la dignidad humana. Si le pegaban 6, 15 ó 21 golpes, él devolvía 7, 16 ó 22; cuando el maestro le administraba una azotaina, contaba él los zurriagazos, y si éstos eran n, después, en desquite, tenía que tocar el faldón de la levita del maestro $n + 1$ veces. Siempre quedaba encima.

Luis no volvió a abrir el pico, pero no cerró noche ni abrió día sin que murmurara:

—¡Ya caerá! ¡Ya caerá!

¡Ardoroso alimento de su augusta majestad caída!

«¡Valiente chiquillería! ¡Mira con qué nos sale!»

¿Dice esto el lector?

¡Bien!, pues ahí está el origen del sentimiento de justicia, porque nació ésta del desquite. Toda la monserga de la vindicta[13] social se reduce a la revancha social, ni tilde más ni tilde menos. ¿Me pega? ¡Le pego, y en paz!

¡Vaya una paz!

Los pueblos pasaron de la venganza al castigo. Ésta es una pura reacción, como el estornudo. Entra un granillo

[12] *hosco:* malhumorado. [13] *vindicta:* satisfacción de un daño o agravio recibido.

de polvo en la mucosa..., la laringe castiga al granillo estornudando.

Cuando veo a dos rapaces darse de mojicones en la calle, me digo:

«Ésa es la educación social, y lo demás pamplina. Así, libre y al aire libre, cada uno aprende, así, que, frente a su voluntad, hay otras voluntades, y que no hay otro remedio que imponerse o someterse a ellas, o concertarse todos a escapar bajo el ojo del alguacil».

Todavía nos ha de enseñar grandes cosas el «¡ya caerás!» internacional que sale de lo hondo del pecho herido.

Pero ¡ojo, mucho ojo!, no hay que perder de vista al alguacil, que avanza cautelosamente, como tigre de caza, que desde lejos amenaza con el bastón y puede aguarnos la fiesta.

EL SEMEJANTE

Como todos huían de Celestino el tonto, tomándole, cuando más, de dominguillo[14] con que divertirse, el pobrecito evitaba a la gente paseándose solo por el campo solitario, sumido en lo que le rodeaba, asistiendo sin conciencia de sí al desfile de cuanto se le ponía por delante. Celestino el tonto sí que vivía *dentro* del mundo como en útero materno, entretejiendo con realidades frescos sueños infantiles, para él tan reales como aquéllas, en una niñez estancada, apegada al caleidoscopio[15] vivo como a la placenta el feto, y, como éste, ignorante de sí. Su alma lo abarca todo en pura sencillez; todo era estado de su conciencia. Se iba por la mayor soledad de las alamedas del río, riéndose de los chapuzones de los patos, de los vuelos cortos de los pájaros, de los revoloteos trenzados de las

[14] *dominguillo:* pelele, muñeco. [15] *caleidoscopio:* tubo ennegrecido interiormente que tiene espejos y varios objetos que proyectan imágenes que se multiplican simétricamente.

parejas de mariposas. Una de sus mayores diversiones era ver dar la vuelta a un escarabajo a quien pusiera patas arriba en el suelo.

Lo único que le inquietaba era la presencia del enemigo, del hombre. Al acercársele alguno, le miraba de vez en vez con una sonrisa en que quería decirle: «No me hagas nada, que no voy a hacerte mal», y cuando lo tenía próximo, bajo aquella mirada de indiferencia y sin amor, bajaba la vista al suelo, deseando achicarse tamaño de una hormiga. Si algún conocido le decía al encontrarle: «¡Hola, Celestino!», inclinaba con mansedumbre la cabeza y sonreía, esperando el pescozón. En cuanto veía a lo lejos chicuelos apretaba el paso; les tenía horror justificado: eran lo peor de los hombres.

Una mañana tropezó Celestino con otro solitario paseante, y al cruzarse con él y, como de costumbre, sonreírle, vio en la cara ajena el reflejo de su sonrisa propia, un saludo de inteligencia. Y al volver la cabeza, luego que hubieron cruzado, vio que también el otro la tenía vuelta, y tornaron a sonreírse uno a otro. Debía de ser un semejante. Todo aquel día estuvo Celestino más alegre que de costumbre, lleno del calor que le dejó en el alma el eco aquel que de su sencillez le había devuelto, por rostro humano, el mundo.

A la mañana siguiente se afrontaron de nuevo en el momento en que un gorrión, metiendo mucha bulla, fue a posarse en un mimbre cercano. Celestino se lo señaló al otro, y dijo riéndose:

—¡Qué pájaro...! ¡Es un gorrión!

—Es verdad: es un gorrión —contestó el otro soltando la risa.

Y excitados mutuamente se rieron a más y mejor: primero, del pájaro, que les hacía coro chillando, y luego, de que se reían. Y así quedaron amigos los dos imbéciles, al aire libre y bajo el cielo de Dios.

—¿Quién eres?

—Pepe.

—Y yo Celestino.

—Celestino... Celestino... —gritó el otro, rompiendo a reír con toda su alma—. Celestino el tonto... Celestino el tonto...

—Y tú Pepe el tonto —replicó con viveza y amoscado Celestino.

—Es verdad: Pepe el tonto y Celestino el tonto...

Y acabaron por reírse a toda gana los dos tontos de su tontería, tragándose al hacerlo bocanadas de aire libre. Su risa se perdía en la alameda, confundida con las voces todas del campo, como una de tantas.

Desde aquel día de risa juntábanse a diario para pasearse juntos, comulgar en impresiones, señalándose mutuamente lo primero que Dios les ponía por delante, viviendo dentro del mundo, prestándose calor y fomento como mellizos que coparticipan de una misma matriz.

—Hoy hace calor.

—Sí, hace calor; es verdad que hace calor...

—En este tiempo suele hacer calor...

—Es verdad: suele hacer calor en este tiempo..., ji, ji..., y en invierno, frío.

Y así seguían, sintiéndose semejantes y gozando en descubrir en todo momento lo que creemos tenerlo para todos ellos descubierto los que lo hemos cristalizado en conceptos abstractos y metido en encasillado lógico. Era para ellos siempre nuevo todo bajo el sol, toda impresión fresca, y el mundo una creación perpetua y sin segunda intención alguna. ¡Qué ruidosa explosión de alegría la de Pepe cuando vio lo del escarabajo patas arriba! Cogió un canto, en la exaltación de su gozo, para desahogarlo despachurrando al bichillo; pero Celestino se lo impidió, diciéndole:

—No, no es malo...

La imbecilidad de Pepe no era, como la de su nuevo amigo, congénita e invariable, sino adventicia[16] y progresiva, debida al reblandecimiento de los sesos. Celestino lo conoció, aunque sin darse cuenta de ello; percibió confusamente el principio de lo que les diferenciaba en el fondo de semejanza, y de esta observación inconsciente, soterrada en las honduras tenebrosas de su alma virgen, brotó en él un amor al pobre Pepe, a la vez, de hermano, de padre y de madre. Cuando a las veces se quedaba su amigo dormido a la orilla del río, Celestino, a su vera, ahuyentaba las moscas y los abejorros, echaba piedras a los remansos para que se callasen las ranas, cuidaba de que las hormigas no subieran a la cara del dormido y miraba con inquietud a un lado y a otro por si venía algún hombre. Y al divisar chicuelos le latía el pecho con violencia y se acercaba más a su amigo, metiéndose piedras en los bolsillos.

Cuando en la cara del durmiente vagaba una sonrisa, Celestino sonreía soñando el mundo que le encerraba.

[16] *adventicia:* extraña, que sobreviene de forma no natural.

Por las calles corrían los chicuelos a la pareja gritando:

¡Tonto con tonto,
tontos dos veces!

Un día en que llegó un granuja hasta pegar al enfermo, despertóse en Celestino un instinto hasta entonces en él dormido, corrió tras el chiquillo y le hartó de pescozones y de sopapos. La patulea,[17] irritada y alborozada a la vez por la impresumible rebelión del tonto, la emprendió con la pareja, y Celestino, escudando al otro, se defendió heroicamente a boleos[18] y patadas hasta que llegó el alguacil a poner a los chicuelos en fuga. Y el alguacil reprendió al tonto... ¡Hombre al cabo!

En el progreso de su idiotez llegó Pepe a entorpecerse de tal modo de sentidos, que se limitaba a repetir entre dientes, soñoliento, lo que su amigo iba enseñándole, según desfilaba como truchimán de cosmorama.[19]

Un día no vio Celestino el tonto a su pobre amigo, y andúvole buscando de sitio en sitio, mirando con odio a lo chicuelos y sonriendo más que nunca a los hombres. Oyó al cabo decir que había muerto como un pajarito, y aunque no entendió bien eso de muerto, sintió algo como hambre espiritual, cogió un canto, metiéndoselo en el bolsillo, se fue a la iglesia a que le llevaban a misa, se arrodilló ante un Cristo, sentándose luego en los talones, y después de persignarse varias veces al vapor,[20] repetía:

[17] *patulea:* muchedumbre de chiquillos. [18] *boleos:* golpes. [19] *truchimán de cosmorama:* aquí tiene el significado de una persona que explica las imágenes mostradas en un artificio óptico que sirve para ver aumentados los objetos mediante una cámara oscura. [20] *persignarse al vapor:* santiguarse muy rápidamente.

—¿Quién le ha matado? Dime quién le ha matado...

Y recordando vagamente, a la vista del Cristo, que un día allí, sin quitarle ojo, había oído en un sermón que aquel crucificado resucitaba muertos, exclamó:

—¡Resucítale! ¡Resucítale!

Al salir le rodeó una tropa de chicuelos: uno le tiraba de la chaqueta, otro le derribó el sombrero, alguno le escupió, y le preguntaban: «¿Y el otro tonto?». Celestino, recogiéndose en sí mismo, perdido aquel fugitivo coraje, hijo del amor, y murmurando: «Pillos, pillos, repillos..., canallas...; éstos le han matado...; pillos», soltó el canto y apretó el paso para ponerse en su casa a salvo.

Cuando paseaba de nuevo solo por las alamedas, a orillas del río, las oleadas de impresiones frescas, que, cual sangre espiritual, recibía como de placenta del campo libre, venían a agruparse y tomar vida en torno a la vaga y penumbrosa imagen del rostro sonriente de su amigo dormido. Así humanizó la naturaleza, antropomorfizándola[21] a su manera, en pura sencillez e inconsciencia; vertía en sus formas frescas, cual sustancia de vida, la ternura paterno-maternal que al contacto de un semejante había en él brotado, y sin darse de ello cuenta vislumbró vagamente a Dios que desde el cielo le sonreía con sonrisa de semejante humano.

[21] *antropomorfizándola:* dándola forma humana.

EL ABEJORRO[22]

—La verdad, no le creía a usted hombre de azares[23] —le dije.

—¿Por qué? ¿Por lo del abejorro? —me preguntó.

Y a un signo afirmativo mío, añadió:

—No hay tales azares, si bien debo decirle a usted que creo que si investigáramos las últimas raíces de las supersticiones mismas que nos parecen más absurdas, aprenderíamos a no calificarlas de ligero... Figúrese usted que mis hijos, de verme a mí, adquieren horror al abejorro, y de mis hijos lo toman mis nietos, y va así trasmitiéndose. Se convertirá en un *azar*. Y, sin embargo, el tal horror tiene en mí raíces muy hondas y muy reales.

—Hombre, eso...

—No lo dude usted. Soy de los hombres que más se alimentan de su niñez; soy de los que más viven en los

[22] *abejorro:* insecto de hasta tres centímetros de largo, velludo y con una trompa muy larga; vive en enjambres poco numerosos debajo del musgo o de las piedras; zumba mucho al volar [23] *azar:* destino, fatalidad, suerte

recuerdos de su lejana infancia. Las primeras impresiones que recibió el espíritu virgen, las más frescas, son las que forman su lecho, el rico légamo[24] de que brotan las plantas que en el lago de nuestra alma se bañan.

»Fue mi niñez —siguió diciendo—, una niñez triste. Casi todos los días salía con mi pobre padre, herido ya de muerte entonces. Apenas lo recuerdo: su figura se me presenta a la memoria esfumada, confinante[25] con el ensueño. Sacábame de paseo al anochecer, los dos solos, al través de los campos, y apenas recuerdo otra cosa si no es que aquellos paseos me ponían triste.

—¿Pero no recuerda usted nada de sus palabras o conversaciones?

—Sí, sí; algunas me han quedado grabadas con imborrables caracteres. Me hablaba de la luna, de las nubes y de cómo se formaban; de cómo se siembra y crece y se recoge el trigo, de los insectos y de su vida y costumbres. Estoy seguro de que aquellas enseñanzas, hasta las que he olvidado, son las más sustanciosas que he recibido, la roca viva de mi cultura íntima. Hasta las olvidadas, se lo aseguro a usted, me vivifican el pensar desde el olvido mismo, porque el olvido es algo positivo, como el silencio y la oscuridad lo son.

—Por lo menos —le interrumpí— son el olvido, la oscuridad y el silencio los que hacen posibles la memoria, la luz y la voz.

—De pronto le entraban arrebatados súbitos y me cogía en brazos y me besaba y besuqueaba, preguntándome a cada momento: «Gabriel, ¿serás bueno siempre?».

[24] *légamo:* barro pegajoso. [25] *confinante:* que limita con algo o alguien.

Y yo, más que conmovido asustado, le respondía siempre: «Sí, papá». Lo recuerdo bien; me daba miedo aquella pregunta de «¿Serás bueno siempre?»; miedo, miedo, era lo que me daba. Alguna vez llegó hasta a llorar sobre mis mejillas; y yo recuerdo que rompí entonces a llorar también con un llanto silencioso, como el suyo, con un llanto hondo que me arrancaba de las entrañas del espíritu toda la tristeza con que ha sido amasada nuestra carne, pesares de ultracuna... ¿Quién sabe?, dolores heredados tal vez.

—¡Qué teorías! —dije yo.

—No son teorías —me contestó—: son hechos. Se fatigaba mucho, y tenía que sentarse a cada paso; y una tarde, puesto ya el sol, me habló, mirando hacia el dorado poniente, de su cercana muerte. Y acabó con su pregunta de siempre: «¿Serás siempre bueno, Gabriel?». Nunca me dio la pregunta más miedo, más religioso terror que entonces. Ni sé si supe contestarle.

—Veo que recuerda usted más de lo que decía...

—Sí, cuando me pongo a pensar en ello. Todos estos recuerdos son el fondo sobre el que he recibido mil ulteriores impresiones en la vida, y todas están teñidas de su color. Todo lo he visto a través de ellos; pero de él, de mi padre mismo, de su figura, recuerdo poco. Otras veces me hablaba del Padre, que es como llamaba siempre a Dios, y allí, en medio del campo mientras la luz se derretía en la noche, me hacía rezar el Padrenuestro, explicándome cada una de sus palabras. Solía detenerse en el *hágase tu voluntad,* y, al concluir de explicármelo me abrazaba sofocado, diciéndome: «¿Serás siempre bueno, Gabriel?».

Calló un momento, como recogiendo sus lejanos recuerdos, y prosiguió:

—Lo que sí recuerdo es su último día, el día de su muerte, el día del abejorro. Estaba ya muy débil; tenía que sentarse a cada momento, y cuando se ponía a explicarme algo lo hacía con tal lentitud, tantas pausas y tantos anhelos, que me infundía un vago terror. Aquel anochecer se sentó en un tronco de árbol derribado, y al poco tiempo, uno de esos abejorros sanjuaneros[26] que revolotean como atontados, tropezando con todo, después de puesto el sol empezó a revolotear en torno a nosotros. Mi padre le ahuyentaba con la mano, y hasta este esfuerzo le era penoso. «Échale», me dijo. Y yo, con mi gorra, le ahuyenté. «Hoy no hay luna, papá», recuerdo que le dije; y él, con una calma terrible, mascullando cada palabra, me respondió: «Luna sí hay, hijo mío; es que está apagada, y por eso no la ves; luna hay siempre; cuando la ves como una hoz, es que no le alumbra el sol por entero... Otras veces sale casi de día...». Volvió el abejorro, y ya no se entretuvo en ahuyentarlo. «¡Qué mal estoy, hijo!», exclamó. Yo callaba, y el abejorro zumbaba en torno nuestro. Se adelantó entonces mi padre un poco, y le brotó un chorro de sangre de la boca. Yo quedé aterrado, y a mi terror acompañaba con su revoloteo el abejorro. «¡Yo me muero, Gabriel —dijo mi padre—: adiós! ¿Serás siempre bueno?» No pude responder. Mi padre cayó muerto, y yo, frío, solo con él en medio del campo, de noche ya, no recuerdo lo que pensé ni lo que sentí. No recuerdo más de aquellos momentos que al abejorro, al tenaz abejorro, que parecía repetirme:

[26] *sanjuaneros:* del día o la época de la festividad de San Juan (24 de junio).

«¿Serás siempre bueno, Gabriel?», y que fue a posarse en la cara misma de mi padre.

—Ahora se comprende todo —le dije—; pero ¿cómo le aterraba a usted esa sencilla pregunta, tan natural, tan dulce?

—¿Cuál? ¿La pregunta de mi padre? ¿Su última pregunta? ¿La que me dirigió poco antes de nacer a la muerte? No lo sé; pero lo que sí puedo asegurarle es que cuando me pongo a escarbar en mi conciencia y a rebuscar el porqué del terror que desde entonces me inspiran los abejorros que al anochecer revolotean como atontados, encuentro que no se debe tanto este terror a que me recuerden la muerte de mi padre como a que me traen la fatídica pregunta: «¿Serás siempre bueno, Gabriel?» Es una pregunta que me parece venir de la tumba...

—Creo que usted se equivoca. La impresión de una muerte, y de la muerte de un padre, sobre todo, y más en las circunstancias en que usted me la ha narrado, deja una huella indeleble en el alma de un niño. Es una revelación tremenda, es una fuente de seriedad para la vida.

—Puede ser; pero yo le aseguro a usted que pienso en la muerte con relativa tranquilidad; que alguna vez me ejercito en representármela al vivo y en representarme mi propia muerte, y afronto tal imagen. Pero cada vez que traigo a mi memoria aquella insistente pregunta paternal, incubada con todas las misteriosas melancolías del anochecer, aquello de «¿Serás siempre bueno?», me pongo a temblar, a temblar, como un azogado.[27] Porque, dígamelo, ¿sé yo acaso si seré siempre bueno?

[27] *azogado:* inquieto. Se aplica a la persona que se mueve incesantemente.

—Con proponérselo...

—¡Oh!, sí, lo de todos y lo de siempre... ¡Con proponérselo! ¿Sé yo si seré siempre bueno? ¿Sé siquiera si lo soy?

—¡Hombre!

—Esperaba esa expresión de asombro; con ella me han respondido casi siempre. Sí, ¿sé si lo soy?

—¡Hombre, la voz de la propia conciencia!...

—¿Y está muda?

—Quien no tiene conciencia de obrar mal es que no obra mal, porque la intención...

—¡La intención! ¡La intención! ¿Conocemos nuestras propias intenciones? ¿Sabemos si somos buenos o no? Créame usted que es esa tremenda cuestión lo que nos hace temblar cuando zumba en torno de nosotros el abejorro evocador de la muerte. Sin esa pregunta, nadie creería en la muerte.

—Extrañas teorías...

—No, no son teorías: son hechos.

Y VA DE CUENTO

A Miguel, el héroe de mi cuento, habíanle pedido uno. ¿Héroe? ¡Héroe, sí! ¿Y por qué? —preguntará el lector—. Pues, primero, porque casi todos los protagonistas de los cuentos y de los poemas deben ser héroes, y ello por definición. ¿Por definición? ¡Sí! Y, si no, veámoslo.

P.—¿Qué es un héroe?

R.—Uno que da ocasión a que se pueda escribir sobre él un poema épico, un epinicio, un epitafio, un cuento, un epigrama, o siquiera una gacetilla[28] o una mera frase.

Aquiles es héroe porque le hizo tal Homero, o quien fuese, al componer la *Ilíada*.[29] Somos, pues, los escritores —¡oh, noble sacerdocio!— los que para nuestro uso y

[28] *epinicio, epitafio, epigrama, gacetilla:* himno triunfal o canto de victoria/ Inscripción puesta en una sepultura o escrita como si estuviera destinada a ello/ Composición breve en prosa o verso, en que se expresa un pensamiento agudo o ingenioso, y satírico/ Noticia inserta en un periódico. [29] *Ilíada:* poema épico griego en veinticuatro cantos, obra de Homero.

satisfacción hacemos los héroes, y no habría egoísmo si no hubiese literatura. Eso de los héroes ignorados es una mandanga para consuelo de simples. ¡Ser héroe es ser cantado!

Y, además, era héroe el Miguel de mi cuento porque le habían pedido uno. Aquel a quien se le pida un cuento es, por el hecho mismo de pedírselo, un héroe, y el que se lo pide es otro héroe. Héroes los dos. Era, pues, héroe mi Miguel, a quien le pidió Emilio un cuento, y era héroe mi Emilio, que pidió el cuento a Miguel. Y así va avanzando este que escribo. Es decir,

burla burlando, van los dos delante.[30]

Y mi héroe, delante de las blancas o agarbanzadas[31] cuartillas, fijos en ellas los ojos, la cabeza entre las palmas de las manos y de codos sobre la mesilla de trabajo —y con esta descripción me parece que el lector estará viéndole mucho mejor que si viniese *ilustrado* esto—, se decía: «Y bien, ¿sobre qué escribo ahora yo el cuento que se me pide? ¡Ahí es nada, escribir un cuento quien, como yo, no es cuentista de profesión! Porque hay el novelista que escribe novelas, una, dos, tres o más al año, y el hombre que las escribe cuando ellas le vienen de suyo. ¡Y yo no soy un cuentista...!».

Y no, el Miguel de mi cuento no era un cuentista. Cuando por acaso los hacía, sacábalos o de algo que, visto u oído, habíale herido la imaginación, o de lo más profundo de su entrañas. Y esto de sacar cuentos de lo hondo de las entrañas, esto de convertir en literatura las

[30] *burla, burlando...:* en este verso y los otros que aparecen a lo largo del cuento se parafrasea un conocido soneto de Lope de Vega. [31] *agarbanzadas:* de color amarillento.

más íntimas tormentas del espíritu, los más espirituales dolores de la mente, ¡oh, en cuanto a esto...! En cuanto a esto, han dicho poetas líricos de todos los tiempos y países, que nos queda muy poco por decir.

Y luego los cuentos de mi héroe tenían para el común de los lectores de cuentos —los cuales forman una clase especial dentro de la general de los lectores— un gravísimo inconveniente, cual es el de que en ellos no había argumento, lo que se llama argumento. Daba mucha más importancia a las perlas que no al hilo en que van ensartadas, y para el lector de cuentos lo importante es la *hilación,* así, con hache, de *hilo,* y no *ilación,* sin ella, como nos empeñamos en escribir los más o menos latinistas que hemos dado en la flor de pensar y enseñar que ese vocablo deriva de *infero, fers, intuli, illatum.*[32] (No olviden ustedes que soy catedrático, y de yo serlo comen mis hijos, aunque alguna vez merienden de un cuento perdido.)

Y estoy a la mitad de otro cuarteto.

Para el héroe de mi cuento, el cuento no es sino un pretexto para observaciones más o menos ingeniosas, rasgos de fantasía, paradojas, etc., etc. Y esto, francamente, es rebajar la dignidad del cuento, que tiene un valor sustantivo —creo que se dice así— en sí y por sí mismo. Miguel no creía que lo importante era el interés de la narración y que el lector se fuese diciendo para sí mismo en cada momento de ella: «Y ahora ¿qué vendrá?», o bien: «¿Y cómo acabará esto?». Sabía, además,

[32] *infero, fers, intuli, illatum:* enunciación del verbo latino *infero* que significa «sacar una consecuencia o deducir una cosa de otra».

que hay quien empieza una de esas novelas enormemente interesantes, va a ver en las últimas páginas el desenlace y ya no lee más.

Por lo cual creía que una buena novela no debe tener desenlace, como no lo tiene, de ordinario, la vida. O debe tener dos o más, expuestos a dos o más columnas, y que el lector escoja entre ellos el que más le agrade. Lo que es soberanamente arbitrario. Y mi este Miguel era de lo más arbitrario que darse puede.

En un buen cuento, lo más importante son las situaciones y las transiciones. Sobre todo estas últimas. ¡Las transiciones, oh! Y respecto a aquéllas, es lo que decía el famoso melodramaturgo d'Ennery:[33] «En un drama —y quien dice drama dice cuento—, lo importante son las situaciones; componga usted una situación patética y emocionante, e importa poco lo que en ella digan los personajes, porque el público, cuando llora, no oye.» ¡Qué profunda observación esta de que el público, cuando llora, no oye! Uno que había sido apuntador del gran actor Antonio Vico[34] me decía que, representando éste una vez *La muerte civil*, cuando entre dos sillas hacía que se moría, y las señoras le miraban con los gemelos para taparse con ellos las lágrimas y los caballeros hacían que se sonaban para enjugárselas, el gran Vico, entre hipíos estertóricos y en frases entrecortadas

[33] *D'Ennery:* autor dramático francés, nacido en 1812. Sus producciones más notables son: *Don César de Bazán, La Dama de Saint-Tropez, María Juana, Los gitanos de París, Los siete castillos del diablo, El mercado de Londres* y *La pastora de los Alpes*, como dramas; *La noche de los bofetones, El capitán Roquefinette* y *El artículo 213*, como *vaudevilles*. [34] *Antonio Vico:* actor español (1840-1902). Alcanzó gran renombre en las últimas décadas del siglo XIX.

de agonía, estaba dando a él, al apuntador, unos encargos para contaduría. ¡Lo que tiene el saber hacer llorar!

Sí; el que en un cuento, como en un drama, sabe hacer llorar o reír, puede en él decir lo que se le antoje. El público, cuando llora o cuando se ríe, no se entera. Y el héroe de mi cuento tenía la perniciosa y petulante manía de que el público —¡su público, claro está!— se enterase de lo que él escribía. ¡Habrase visto pretensión semejante!

Permítame el lector que interrumpa un momento el hilo de la narración de mi cuento, faltando el precepto literario de la impersonalidad del cuentista [véase la *Correspondance,* de Flaubert,[35] en cualquiera de sus cinco volúmenes *(Oeuvres complètes,* París, Louis Conard, libraire-éditeur, MDCCCLX)], para protestar de esa pretensión ridícula del héroe de mi cuento de que su público se entere de lo que él escribía. ¿Es que no sabía que las más de las personas leen para no enterarse? ¡Harto tiene cada uno con sus propias penas y sus propios pesares y cavilaciones para que vengan metiéndole otros! Cuando yo, a la mañana, a la hora del chocolate, tomo el periódico del día, es para distraerme, para pasar un rato. Y sabido es el aforismo de aquel sabio granadino:«La cuestión es pasar el rato»; a lo que otro sabio, bilbaíno éste, y que soy yo, añadió: «Pero sin adquirir compromisos serios». Y no hay modo menos comprometedor de pasar el rato que leer el periódico. Y si cojo una novela o un cuento no es para que, de reflejo, suscite mis hondas preocupaciones y

[35] *Flaubert:* Gustave Flaubert (1821-1880). Escritor francés. En 1857 publicó *Madame Bovary;* la *Correspondencia,* 1887, nos da una idea de la verdadera estética de Flaubert.

mis penas, sino para que me distraiga de ellas. Y por eso no me entero de lo que leo y hasta leo para no enterarme...

Pero el héroe de mi cuento era un petulante que quería escribir para que se enterasen y, es natural, así no puede ser, no le resultaba cuanto escribía sino paradojas.

—¿Que qué es esto de una paradoja? ¡Ah!, yo no lo sé, pero tampoco lo saben los que hablan de ellas con cierto desdén, más o menos fingido; pero nos entendemos, y basta. Y precisamente el chiste de la paradoja, como el del humorismo, estriba en que apenas hay quien hable de ellos y sepa lo que son. La cuestión es pasar el rato, sí, pero sin adquirir compromisos serios; ¿y qué serio compromiso se adquiere tildando a algo de paradoja, sin saber lo que ella sea, o tachándolo de humorístico?

Yo, que, como el héroe de mi cuento, soy también héroe y catedrático de griego, sé lo que etimológicamente quiere decir eso de paradoja: de la preposición *para,* que indica lateralidad, lo que va de lado o se desvía, y *doxa,* opinión, y sé que entre paradoja y herejía apenas hay diferencia; pero...

Pero ¿qué tiene que ver todo esto con el cuento? Volvamos, pues, a él.

Dejemos a nuestro héroe —empezando siéndolo mío y ya es tuyo, lector amigo, y mío; esto es, nuestro— de codos sobre la mesa, con los ojos fijos en las blancas cuartillas, etcétera (véase la precedente descripción), y diciéndose: «Y bien, ¿sobre qué escribo yo ahora...?».

Esto de ponerse a escribir no precisamente porque se haya encontrado asunto, sino para encontrarlo, es una de las necesidades más terribles a que se ven expuestos los escritores fabricantes de héroes, y héroes, por tanto, ellos mismos. Porque —¿cuál, sino el de hacer héroes, el de cantarlos, es el supremo heroísmo?—. Como no sea que el héroe haga a su hacedor, opinión que mantengo muy brillante y profundamente en mi *Vida de Don Quijote y Sancho, según Miguel de Cervantes Saavedra,*[36] explicada y comentada; Madrid, librería de Ferrando Fe, 1905[37] —y sirva esto, de paso, como anuncio—, obra en que sostengo fue don Quijote el que hizo a Cervantes y no éste a aquél. ¿Y a mí quién me ha hecho, pues? En este caso, no cabe duda que el héroe de mi cuento. Sí, yo no soy sino una fantasía del héroe de mi cuento.

¿Seguimos? por mí, lector amigo, hasta que usted quiera; pero me temo que esto se convierta en el cuento de nunca acabar. Y así es el de la vida... Aunque ¡no!, ¡no!, el de la vida se acaba.

Aquí sería buena ocasión, con este pretexto, de disertar sobre la brevedad de esta vida perecedera y la vanidad de sus dichas, lo cual daría a este cuento un cierto carácter moralizador que lo elevara sobre el nivel de esos otros cuentos vulgares que sólo tiran a divertir. Porque el arte debe ser edificante. Voy, por tanto, a acabar con una

Moraleja. —Todo se acaba en este mundo miserable: hasta los cuentos y la paciencia de los lectores. No sé, pues, abusar.

[36] Famoso ensayo de D. Miguel de Unamuno, publicado en 1905. [37] Para mi conciencia de bibliógrafo, debo decir que antes de 1905 pone: Carrera de San Jerónimo, 2; pero desde entonces el Señor Fe se ha trasladado a la Puerta del Sol, 15 y ahora añado que esa edición se ha agotado y que prepara otra la Biblioteca Renacimiento. *(Nota del Autor.)*

Ramón M.ª del Valle-Inclán

Ramón del Valle y Peña, de nombre real (1866-1936), presenta una biografía en la que se mezcla la realidad con la literatura; este polifacético escritor gallego, cultivó todos los géneros literarios, si bien destaca en la narrativa y en el teatro como creador del esperpento. Las Sonatas *(1902-1905),* Tirano Banderas *(1926) y* El ruedo ibérico *(1927-1932), destacan entre sus novelas; y* Luces de bohemia y Divinas palabras *(1920) en su producción dramática.*

Caricatura de Valle-Inclán.

Jardín Umbrío

Confiesa el autor que una amiga reunió y le entregó una serie de cuentos escritos y publicados por él en diferentes momentos y lugares. Valle-Inclán publicó estos cuentos con el título de Jardín Umbrío *en 1914. Son historias de misterio, de almas en pena, de ladrones que formaban parte de los relatos oídos de niño.*

JUAN QUINTO

Micaela la Galana contaba muchas historias de Juan Quinto, aquel bigardo[1] que, cuando ella era moza, tenía estremecida toda la Tierra de Salnés.[2] Contaba cómo una noche, a favor del oscuro, entró a robar en la Rectoral de Santa Baya de Cristamilde.[3] La Rectoral de Santa Baya está vecina de la iglesia, en el fondo verde de un atrio cubierto de sepulturas y sombreado de olivos. En este tiempo de que hablaba Micaela, el rector era un viejo exclaustrado,[4] buen latino y buen teólogo. Tenía fama de ser muy adinerado, y se le veía por las ferias chalaneando caballero[5] en una yegua tordilla, siempre con las alforjas llenas de quesos. Juan Quinto, para robarle, había escalado la ventana, que en tiempo de calores solía dejar abierta el exclaustrado. Trepó el

[1] *bigardo:* granuja, holgazán. [2] *Tierra de Salnés:* comarca gallega de Pontevedra. [3] *Santa Baya de Cristamilde:* aldea del concejo de Meis en la comarca de Salnés. [4] *exclaustrado:* religioso que abandona el claustro por supresión de la orden a que pertenece o por otro motivo. [5] *chalaneando caballero:* hombre que negocia con compras y ventas, particularmente de caballerías.

bigardo gateando por el muro, y cuando se encaramaba sobre el alféizar con un cuchillo sujeto entre los dientes, vio al abad incorporado en la cama y bostezando. Juan Quinto saltó dentro de la sala con un grito fiero, ya el cuchillo empuñado. Crujieron las tablas de la tarima con ese pavoroso prestigio que comunica la noche a todos los ruidos. Juan Quinto se acercó a la cama, y halló los ojos del viejo frailuco abiertos y sosegados que le estaban mirando:

—¿Qué mala idea traes, rapaz?

El bigardo levantó el cuchillo:

—La idea que traigo es que me entregue el dinero que tiene escondido, señor abad.

El frailuco rio jocundamente:[6]

—¡Tú eres Juan Quinto!

—Pronto me ha reconocido.

Juan Quinto era alto, fuerte, airoso, cenceño.[7] Tenía la barba de cobre, y las pupilas verdes como dos esmeraldas, audaces y exaltadas. Por los caminos, entre chalanes y feriantes, prosperaba la voz de que era muy valeroso, y el exclaustrado conocía todas las hazañas de aquel bigardo que ahora le miraba fijamente, con el cuchillo levantado para aterrorizarle:

—Traigo priesa, señor abad. ¡La bolsa o la vida!

El abad se santiguó:

—Pero tú vienes trastornado. ¿Cuántos vasos apuraste, perdulario?[8] Sabía tu mala conducta, aquí vienen muchos feligreses a dolerse... ¡Pero, hombre, no me habían dicho que fueses borracho!

[6] *jocundamente:* alegremente. [7] *cenceño:* delgado. [8] *perdulario:* vicioso.

Juan Quinto gritó con repentina violencia:

—¡Señor abad, rece el Yo Pecador!

—Rézalo tú, que más falta te hace.

—¡Que le siego la garganta! ¡Que le pico la lengua! ¡Que le como los hígados!

El abad, siempre sosegado, se incorporó en las almohadas:

—¡No seas bárbaro, rapaz! ¡Qué provecho iba a hacerte tanta carne cruda!

—¡No me juegue de burlas, señor abad! ¡La bolsa o la vida!

—Yo no tengo dinero, y si lo tuviese tampoco iba a ser para ti. ¡Anda a cavar la tierra!

Juan Quinto levantó el cuchillo sobre la cabeza del exclaustrado:

—Señor abad, rece el Yo Pecador.

El abad acabó por fruncir el áspero entrecejo:

—No me da la gana. Si estás borracho, anda a dormirla. Y en lo sucesivo aprende que a mí se me debe otro respeto por mis años y por mi dignidad de eclesiástico.

Aquel bigardo atrevido y violento quedó callado un instante, y luego murmuró con la voz asombrada y cubierta de un velo:

—¡Usted no sabe quién es Juan Quinto!

Antes de responderle, el exclaustrado le miró de alto abajo con grave indulgencia:[9]

—Mejor lo sé que tú mismo, mal cristiano.

Insistió el otro con impotente rabia:

[9] *indulgencia:* benevolencia.

—¡Un león!

—¡Un gato!

—¡Los dineros!

—No los tengo.

—¡Que no me voy sin ellos!

—Pues de huésped no te recibo.

En la ventana rayaba el día, y los gallos cantaban quebrando albores.[10] Juan Quinto miró a la redonda, por la ancha sala donde el tonsurado[11] dormía, y descubrió una gaveta:[12]

—Me parece que ya di con el nido.

Tosió el frailuco:

—Malos vientos tienes.

Y comenzó a vestirse muy reposadamente y a rezar en latín. De tiempo en tiempo, a par que se santiguaba, dirigía los ojos al bandolero, que iba de un lado al otro cateando.[13] Sonreía socarrón el frailuco y murmuraba a media voz, una voz grave y borbollona:[14]

—Busca, busca. ¡No encuentro yo con el claro día, y has de encontrar tú a tentones!...[15]

Cuando acabó de vestirse salió a la solana por ver cómo amanecía. Cantaban los pájaros, estremecíanse las yerbas, todo tornaba a nacer con el alba del día. El abad gritole al bigardo, que seguía cateando en la gaveta:

—Tráeme el breviario, rapaz.

[10] *cantaban quebrando albores:* cantaban al amanecer. [11] *tonsurado:* persona que ha recibido las órdenes sacerdotales menores. [12] *gaveta:* cajón corredizo de los escritorios. [13] *cateando:* buscando. [14] *borbollona:* que forma un líquido burbujas grandes al hervir o al manar o salir de un sitio, haciendo el ruido característico. [15] *a tentones:* tentando brusca y rápidamente.

Juan Quinto apareció con el breviario, y al tomárselo de las manos, el exclaustrado le reconvino lleno de indulgencia:

—¿Pero quién te aconsejó para haber tomado este mal camino? ¡Ponte a cavar la tierra, rapaz!

—Yo no nací para cavar la tierra. ¡Tengo sangre de señores!

—Pues compra una cuerda y ahórcate, porque para robar tampoco sirves.

Con estas palabras bajó el frailuco las escaleras de la solana, y entró en la iglesia para celebrar su misa. Juan Quinto huyó galgueando a través de unos maizales,[16] pues se venía por los montes la mañana. Y en la fresca del día muchos campanarios saludaban a Dios. Y fue en esta misma mañana ingenua y fragante cuando robó y mató a un chalán en el camino de Santa María de Meis.[17] Micaela la Galana, en el final del cuento, bajaba la voz santiguándose, y con murmullo de su boca sin dientes recordaba la genealogía de Juan Quinto:

—Era de buenas familias. Hijo de Remigio de Bealo, nieto de Pedro, que acompañó al difunto señor en la batalla del Puente de San Payo.[18] Recemos un Padrenuestro por los muertos y por los vivos.

[16] *maizales:* campos de maíz. [17] *Santa María de Meis:* parroquia perteneciente al concejo de Meis en la provincia de Pontevedra. [18] *batalla del puente de San Payo:* batalla de la Guerra de la Independencia (1808-1814).

EL MIEDO

Ese largo y angustioso escalofrío que parece mensajero de la muerte, el verdadero escalofrío del miedo, sólo lo he sentido una vez. Fue hace muchos años, en aquel hermoso tiempo de los mayorazgos,[19] cuando se hacía información de nobleza para ser militar. Yo acababa de obtener los cordones de Caballero Cadete. Hubiera preferido entrar en la Guardia de la Real Persona; pero mi madre se oponía, y siguiendo la tradición familiar, fui granadero en el Regimiento del Rey. No recuerdo con certeza los años que hace, pero entonces apenas me apuntaba el bozo[20] y hoy ando cerca de ser un viejo caduco. Antes de entrar en el Regimiento mi madre quiso echarme su bendición. La pobre señora vivía retirada en el fondo de una aldea, donde estaba nuestro pazo solariego,[21] y allá

[19] *mayorazgos:* institución antigua que consiste en el que el hijo mayor, también llamado mayorazgo, herede ciertos bienes para que éstos permanezcan siempre en la misma familia. [20] *bozo:* vello que nace en el labio superior de los adolescentes, antes de crecer la barba. [21] *pazo solariego:* casa rural gallega perteneciente a familias de origen antiguo y noble.

fui sumiso y obediente. La misma tarde que llegué mandó en busca del Prior de Brandeso[22] para que viniese a confesarme en la capilla del pazo. Mis hermanas María Isabel y María Fernanda, que eran unas niñas, bajaron a coger rosas al jardín, y mi madre llenó con ellas los floreros del altar. Después me llamó en voz baja para darme su devocionario y decirme que hiciera examen de conciencia:

—Vete a la tribuna, hijo mío. Allí estarás mejor...

La tribuna señorial estaba al lado del Evangelio y comunicaba con la biblioteca. La capilla era húmeda, tenebrosa, resonante. Sobre el retablo campeaba el escudo concedido por ejecutorias[23] de los Reyes Católicos al señor de Bradomín,[24] Pedro Aguiar de Tor, llamado el Chivo y también el Viejo. Aquel caballero estaba enterrado a la derecha del altar. El sepulcro tenía la estatua orante de un guerrero. La lámpara del presbiterio alumbraba día y noche ante el retablo, labrado como joyel de reyes. Los áureos racimos de la vid evangélica parecían ofrecerse cargados de fruto. El santo tutelar era aquel piadoso Rey Mago que ofreció mirra al Niño Dios. Su túnica de seda bordada de oro brillaba con el resplandor devoto de un milagro oriental. La luz de la lámpara, entre las cadenas de plata, tenía tímido aleteo de pájaro prisionero como si se afanase por volar hacia el Santo.

Mi madre quiso que fuesen sus manos las que dejasen aquella tarde a los pies del Rey Mago los floreros

[22] *Brandeso:* prior de un monasterio en Arzúa (A Coruña). [23] *ejecutorias:* títulos o diplomas en los que consta legalmente la nobleza de una persona o familia. [24] *señor de Bradomín:* personaje protagonista de las *Sonatas* y de otras obras de Valle-Inclán.

cargados de rosas, como ofrenda de su alma devota. Después, acompañada de mis hermanas, se arrodilló ante el altar. Yo, desde la tribuna, solamente oía el murmullo de su voz, que guiaba moribunda las avemarías; pero cuando a las niñas les tocaba responder, oía todas las palabras rituales de la oración. La tarde agonizaba y los rezos resonaban en la silenciosa oscuridad de la capilla, hondos, tristes y augustos, como un eco de la Pasión. Yo me adormecía en la tribuna. Las niñas fueron a sentarse en las gradas del altar. Sus vestidos eran albos[25] como el lino de los paños litúrgicos. Ya sólo distinguía una sombra que rezaba bajo la lámpara del presbiterio. Era mi madre, que sostenía entre sus manos un libro abierto y leía con la cabeza inclinada. De tarde en tarde, el viento mecía la cortina de un alto ventanal. Yo entonces veía en el cielo, ya oscuro, la faz de la luna, pálida y sobrenatural como una diosa que tiene su altar en los bosques y en los lagos...

Mi madre cerró el libro dando un suspiro, y de nuevo llamó a las niñas. Vi pasar sus sombras blancas a través del presbiterio y columbré[26] que se arrodillaban a los lados de mi madre. La luz de la lámpara temblaba con un débil resplandor sobre las manos que volvían a sostener abierto el libro. En el silencio la voz leía piadosa y lenta. Las niñas escuchaban, y adiviné sus cabelleras sueltas sobre la albura del ropaje y cayendo a los lados del rostro iguales, tristes, nazarenas. Habíame adormecido, y de pronto me sobresaltaron los gritos de mis hermanas. Miré

[25] *albos:* blancos. [26] *columbré:* divisé. Ver de lejos algo sin distinguirlo bien.

y las vi en medio del presbiterio abrazadas a mi madre. Gritaban despavoridas. Mi madre las asió de la mano y huyeron las tres. Bajé presuroso. Iba a seguirlas y quedé sobrecogido de terror. En el sepulcro del guerrero se entrechocaban los huesos del esqueleto. Los cabellos se erizaron en mi frente. La capilla había quedado en el mayor silencio, y oíase distintamente el hueco y medroso rodar de la calavera sobre su almohada de piedra. Tuve miedo como no lo he tenido jamás, pero no quise que mi madre y mis hermanas me creyesen cobarde, y permanecí inmóvil en medio del presbiterio, con los ojos fijos en la puerta entreabierta. La luz de la lámpara oscilaba. En lo alto mecíase la cortina de un ventanal, y las nubes pasaban sobre la luna, y las estrellas se encendían y se apagaban como nuestras vidas. De pronto, allá lejos, resonó festivo ladrar de perros y música de cascabeles. Una voz grave y eclesiástica llamaba:

—¡Aquí, *Carabel*! ¡Aquí, *Capitán*!...

Era el Prior de Brandeso que llegaba para confesarme. Después oí la voz de mi madre trémula y asustada, y percibí distintamente la carrera retozona de los perros. La voz grave y eclesiástica se elevaba lentamente, como un canto gregoriano:

—Ahora veremos qué ha sido ello... Cosa del otro mundo no lo es, seguramente... ¡Aquí, *Carabel*! ¡Aquí, *Capitán*!...

Y el Prior de Brandeso, precedido de sus lebreles,[27] apareció en la puerta de la capilla:

—¿Qué sucede, señor Granadero del Rey?

[27] *lebreles:* perros buenos para cazar liebres.

Yo repuse con la voz ahogada:

—¡Señor Prior, he oído temblar el esqueleto dentro del sepulcro!...

El Prior atravesó lentamente la capilla. Era un hombre arrogante y erguido. En sus años juveniles también había sido Granadero del Rey. Llegó hasta mí, sin recoger el vuelo de sus hábitos blancos, y afirmándome una mano en el hombro y mirándome la faz descolorida, pronunció gravemente:

—¡Que nunca pueda decir el Prior de Brandeso que ha visto temblar a un Granadero del Rey!...

No levantó la mano de mi hombro, y permanecimos inmóviles, contemplándonos sin hablar. En aquel silencio oímos rodar la calavera del guerrero. La mano del Prior no tembló. A nuestro lado los perros enderezaban las orejas con el cuello espeluznado. De nuevo oímos rodar la calavera sobre su almohada de piedra. El Prior me sacudió:

—¡Señor Granadero del Rey, hay que saber si son trasgos[28] o brujas!...

Y se acercó al sepulcro y asió las dos anillas de bronce empotradas en una de las losas, aquella que tenía el epitafio.[29] Me acerqué temblando. El Prior me miró sin desplegar los labios. Yo puse mi mano sobre la suya en una anilla y tiré. Lentamente alzamos la piedra. El hueco, negro y frío, quedó ante nosotros. Yo vi que la árida y amarillenta calavera aún se movía. El Prior alargó un brazo dentro del sepulcro para cogerla. Después,

[28] *trasgos:* duendes traviesos. [29] *epitafio:* inscripción que se pone en una sepultura.

sin una palabra y sin un gesto, me la entregó. La recibí temblando. Yo estaba en medio del presbiterio y la luz de la lámpara caía sobre mis manos. Al fijar los ojos las sacudí con horror. Tenía entre ellas un nido de culebras que se desanillaron silbando, mientras la calavera rodaba con hueco y liviano son todas las gradas del presbiterio.[30] El Prior me miró con sus ojos de guerrero que fulguraban bajo la capucha como bajo la visera de un casco:

—Señor Granadero del Rey, no hay absolución... ¡Yo no absuelvo a los cobardes!

Y con rudo empaque salió sin recoger el vuelo de sus blancos hábitos talares. Las palabras del Prior de Brandeso resonaron mucho tiempo en mis oídos. Resuenan aún. ¡Tal vez por ellas he sabido más tarde sonreír a la muerte como a una mujer!

30 *[por] todas las gradas del presbiterio:* asíndeton de la preposición *por* para conseguir un ritmo más adecuado.

DEL MISTERIO

¡Hay también un demonio familiar! Yo recuerdo cuando era niño, iba todas las noches a la tertulia de mi abuela una vieja que sabía estas cosas medrosas y terribles del misterio. Era una señora linajuda y devota que habitaba un caserón en la Rúa de los Plateros. Recuerdo que se pasaba las horas haciendo calceta tras los cristales de su balcón, con el gato en la falda. Doña Soledad Amarante era alta, consumida, con el cabello siempre fosco,[31] manchado por grandes mechones blancos, y las mejillas descarnadas, esas mejillas de dolorida expresión que parecen vivir huérfanas de besos y de caricias. Aquella señora me infundía un vago terror, porque contaba que en el silencio de las altas horas oía el vuelo de las almas que se van, y que evocaba en el fondo de los espejos los rostros lívidos que miran con ojos agónicos. No, no olvidaré nunca la impresión que me causaba verla llegar al comienzo de la noche y sentarse en el sofá del estrado

[31] *fosco:* erizado.

al par de mi abuela. Doña Soledad extendía un momento sobre el brasero las manos sarmentosas, luego sacaba la calceta de una bolsa de terciopelo carmesí y comenzaba la tarea. De tiempo en tiempo solía lamentarse:

—¡Ay Jesús!

Una noche llegó. Yo estaba medio dormido en el regazo de mi madre, y, sin embargo, sentí el peso magnético de sus ojos que me miraban. Mi madre también debió de advertir el maleficio de aquellas pupilas, que tenían el venenoso color de las turquesas,[32] porque sus brazos me estrecharon más. Doña Soledad tomó asiento en el sofá, y en voz baja hablaron ella y mi abuela. Yo sentía la respiración anhelosa de mi madre, que las observaba queriendo adivinar sus palabras. Un reloj dio las siete. Mi abuela se pasó el pañuelo por los ojos, y con la voz un poco insegura le dijo a mi madre:

—¿Por qué no acuestas a ese niño?

Mi madre se levantó conmigo en brazos, y me llevó al estrado para que besase a las dos señoras. Yo jamás sentí tan vivo el terror de Doña Soledad. Me pasó una mano de momia por la cara y me dijo:

—¡Cómo te le pareces!

Y mi abuela murmuró al besarme:

—¡Reza por él, hijo mío!

Hablaban de mi padre, que estaba preso por legitimista[33] en la cárcel de Santiago. Yo, conmovido, escondí la cabeza en el hombro de mi madre, que me estrechó con angustia:

[32] *turquesas:* mineral de color azul verdoso [33] *legitimista:* partidario de una persona o una dinastía que no es la que reina, por creerla con más derecho al trono que ésta, en este contexto carlista.

—¡Pobres de nosotros, hijo!

Después me sofocó con sus besos, mientras sus ojos, aquellos ojos tan bellos, se abrían sobre mí enloquecidos, trágicos:

—¡Hijo de mi alma, otra nueva desgracia nos amenaza!

Doña Soledad dejó un momento la calceta y murmuró con la voz lejana de una sibila:[34]

—A tu marido no le ocurre ninguna desgracia.

Y mi abuela suspiró:

—Acuesta al niño.

Yo lloré aferrando los brazos al cuello de mi madre:

—¡No quiero que me acuesten! Tengo miedo de quedarme solo. ¡No quiero que me acuesten!...

Mi madre me acarició con una mano nerviosa, que casi me hacía daño, y luego, volviéndose a las dos señoras, suplicó sollozante:

—¡No me atormenten! Díganme qué le sucede a mi marido. Tengo valor para saberlo todo.

Doña Soledad alzó sobre nosotros la mirada, aquella mirada que tenía el color maléfico de las turquesas, y habló con la voz llena de misterio, mientras sus dedos de momia movían las agujas de la calceta:

—¡Ay Jesús!... A tu marido nada le sucede. Tiene un demonio que le defiende. Pero ha derramado sangre...

Mi madre repitió en voz baja y monótona, como si el alma estuviese ausente:

—¿Ha derramado sangre?

[34] *sibila:* mujer o sacerdotisa a la que, entre los griegos y romanos, se consideraba dotada de espíritu profético.

Esta noche huyó de la cárcel matando al carcelero. Lo he visto en mi sueño.

Mi madre reprimió un grito y tuvo que sentarse para no caer. Estaba pálida, pero en sus ojos había el fuego de una esperanza trágica. Con las manos juntas interrogó:

—¿Se ha salvado?

—No sé.

—¿Y no puede usted saberlo?

—Puedo intentarlo.

Hubo un largo silencio. Yo temblaba en el regazo de mi madre, con los ojos asustados puestos en Doña Soledad. La sala estaba casi a oscuras. En la calle cantaba el violín de un ciego, y el esquilón de las monjas volteaba anunciando la novena. Doña Soledad se levantó del sofá y andando sin ruido la vimos alejarse hacia el fondo de la sala, donde su sombra casi se desvaneció. Advertíase apenas la figura negra y la blancura de las manos inmóviles, en alto. Al poco comenzó a gemir débilmente, como si soñase. Yo, lleno de terror, lloraba quedo, y mi madre, oprimiéndome la boca, me decía ronca y trastornada:

—Calla, que vamos a saber de tu padre.

Yo me limpiaba las lágrimas para seguir viendo en la sombra la figura de Doña Soledad. Mi madre interrogó con la voz resuelta y sombría:

—¿Puede verle?

—Sí... Corre por un camino lleno de riesgos, ahora solitario. Va solo por él... Nadie le sigue. Se ha detenido en la orilla de un río y teme pasarlo. Es un río como un mar...

—¡Virgen mía, que no lo pase!

—En la otra orilla hay un bando de palomas blancas.

—¿Está en salvo?

—Sí... Tiene un demonio que le protege. La sombra del muerto no puede nada contra él. La sangre que derramó su mano, yo la veo caer gota a gota sobre una cabeza inocente...

Una puerta batió lejos. Todos sentimos que alguien entraba en la sala. Mis cabellos se erizaron. Un aliento frío me rozó la frente, y los brazos invisibles de un fantasma quisieron arrebatarme del regazo de mi madre. Me incorporé asustado, sin poder gritar, y en el fondo nebuloso de un espejo vi los ojos de la muerte y surgir poco a poco la mate lividez del rostro, y la figura con sudario y un puñal en la garganta sangrienta. Mi madre, asustada viéndome temblar, me estrechaba contra su pecho. Yo le mostré el espejo, pero ella no vio nada. Doña Soledad dejó caer los brazos, hasta entonces inmóviles en alto, y desde el otro extremo de la sala, saliendo de las tinieblas como de un sueño, vino hacia nosotros. Su voz de sibila parecía venir también de muy lejos:

—¡Ay Jesús! Sólo los ojos del niño le han visto. La sangre cae gota a gota sobre la cabeza inocente. Vaga en torno suyo la sombra vengativa del muerto. Toda la vida irá tras él. Hallábase en pecado cuando dejó el mundo, y es una sombra infernal. No puede perdonar. Un día desclavará el puñal que lleva en la garganta para herir al inocente.

Mis ojos de niño conservaron mucho tiempo el espanto de lo que entonces vieron, y mis oídos han vuelto a sentir muchas veces las pisadas del fantasma que camina a mi lado implacable y funesto, sin dejar que mi alma, toda llena de angustia, toda rendida al peso de torvas[35] pasiones y anhelos purísimos, se asome fuera de la torre, donde sueña cautiva hace treinta años. ¡Ahora mismo estoy oyendo las silenciosas pisadas del Alcaide Carcelero!

[35] *torvas:* malvadas

MILÓN DE LA ARNOYA[36]

Una tarde, en tiempo de vendimias, se presentó en el cercado de nuestra casa una moza alta, flaca, renegrida, con el pelo fosco y los ojos ardientes, cavados en el cerco de las ojeras. Venía clamorosa y anhelando:

—¡Dadme amparo contra un rey de moros que me tiene presa! ¡Soy cautiva de un Iscariote![37]

Sentose a la sombra de un carro desuncido[38] y comenzó a recogerse la greña.[39] Después llegose al dornajo[40] donde abrevaban los ganados y se lavó una herida que tenía en la sien. Serenín de Bretal, un viejo que pisaba la uva en una tinaja, se detuvo limpiándose el sudor con la mano roja del mosto:

—¡Cativos[41] de nos! Si has menester amparo clama a la justicia. ¿Qué amparo podemos darte acá? ¡Cativos de nos!

[36] *Arnoya:* municipio de la provincia de Orense. [37] *Iscariote:* clase o tipo de demonio. [38] *desuncido:* separado de los animales que mueven el carro. [39] *greña:* mechón de pelo enredado y descuidado. [40] *dornajo:* recipiente en el que come el ganado. [41] *cativos:* desdichados.

Suplicó la mujer:

—¡Vedme cercada de llamas! ¿No hay una boca cristiana que me diga las palabras benditas que me liberten del Enemigo?

Interrogó una vieja:

—¿Tú no eres de esta tierra?

Sollozó la renegrida:

—Soy, cuatro leguas arriba de Santiago. Vine a esta tierra, por me poner a servir, y cuando estaba buscando amo caí con el alma en el cautiverio de Satanás. Fue un embrujo que me hicieron en una manzana reineta. Vivo en pecado con un mozo que me arrastra por las trenzas. Cautiva me tiene, que yo nunca le quise, y sólo deseo verle muerto. ¡Cautiva me tiene con sabiduría de Satanás!

Las mujeres y los viejos se santiguaron con un murmullo piadoso, pero los mozos relincharon como chivos barbudos, saltando en las tinajas, sobre los carros de la vendimia, rojos, desnudos y fuertes. Gritó Pedro el Arnelo, de Lugar de Condes:

—¡Jujurujú! No te dejes apalpar y hacer las cosquillas, y verás cómo se te vuela el Enemigo.

Resonaron las risas alegres y bárbaras. Las mozas, un poco encendidas, bajaban la frente y mordían el nudo de sus pañuelos. Los mozos, en lo alto de los carros, renovaban los brincos y los aturujos,[42] pisando la uva. Pero de pronto cesó la fiesta. Mi abuela acababa de asomar en el patín arrastrando su pierna gotosa y apoyada en el brazo de Micaela la Galana. Era Doña

[42] *aturujos:* apretones.

Dolores Saco, mi abuela materna, una señora caritativa y orgullosa, alta, seca y muy a la antigua. La moza renegrida se volvió hacia el patín con los brazos en alto:

—¡Concédame su amparo, noble señora!

A mi abuela le temblaba la barbeta. Con un dejo autoritario interrogó:

—¿Qué amparo pides moza?

—¡Contra un rey de moros! Vengo escapada de la cueva del monte, donde me tiene presa.

Micaela la Galana murmuró al oído de mi abuela:

—¡Parece privada, Misia[43] Dolores!

Y mi abuela levantó su lente de concha y tornó a interrogar, mirando a la moza:

—¿A quién llamas tú rey de moros?

—¡Rey de moros talmente, mi señora!

—Habla sin voces.

Gimió la renegrida:

—¡Me tiene cautiva con sabiduría de Satanás!

Intervino el viejo Serenín de Bretal:

—La señora quiere saber cómo se llama el mozo que te tiene en su dominio, y de dónde es nativo.

La renegrida levantaba los brazos, temblorosa y ronca:

—Milón de la Arnoya. ¿Nunca tenéis oído de él? Milón de la Arnoya.

Milón de la Arnoya era un jayán[44] perseguido por la justicia, que vivía enfoscado en el monte, robando por siembras y majadas. En casa de mi abuela, cuando los

[43] *misia:* en América, tratamiento que se da las señora, equivalente a «mi señora». [44] *jayán:* persona alta, robusta y de muchas fuerzas.

criados se juntaban al anochecido para desgranar mazorcas, siempre salía el cuento de Milón de la Arnoya. Unas veces había sido visto en alguna feria, otras por caminos, otras, como el raposo, rondando alrededor de la aldea. Y Serenín de Bretal, que tenía un rebaño de ovejas, solía contar cómo robaba los corderos en las Gándaras de Barbanza. El nombre de aquel bigardo[45] perseguido por la justicia había puesto una sombra en todos los rostros. Solamente mi abuela tuvo una sonrisa desdeñosa:

—Ese malvado, si viene por ti, no habrá de llevarte. ¡Quedas recibida en mi casa, moza!

Se levantó un murmullo en loa de mi abuela. La renegrida dio las gracias humildemente y fue a sentarse al arrimo del patín con la cabeza cubierta. A lo lejos resonaban las voces de la vendimia. Una larga hilera de carros venía por la calzada. Mozas descalzas y encendidas caminaban delante, animando la yunta de los bueyes dorados. Otras venían en las tinajas, las bocas llenas de cantos y de risas, teñidas del zumo de las uvas. Los carros entraron lentamente en el cercado. Detrás del último apareció un mendigo todo en harapos. Era velludo y fuerte. La renegrida, que tenía la cabeza cubierta, se levantó como si le hubiese adivinado. Temblaba lívida y sombría.

—¡Perverso, ciencia de brujos te encaminó a esta puerta! ¡No rías, boca de Satanás!

El hombre no se movió del umbral. Furtivo, tendió la vista en torno, y volviéndola a la tierra suspiró.

—Una sed de agua para un pobre que va de camino.

[45] *bigardo:* sinvergüenza.

La renegrida gritó:

—Ese que vos habla es Milón de la Arnoya. ¡Ahí le tenéis! ¡De sed perezcas como un can rabioso, Milón de la Arnoya!

Se habían acallado todas las voces. Las mujeres miraban al mendigo llenas de curioso sobresalto y los hombres con recelo. Algunos empuñaban las picas de acuciar[46] las yuntas. En lo alto del patín, mi abuela, abandonando el brazo en que se apoyaba, habíase erguido, seca y enérgica, con la barbeta siempre temblona. Se oyó su voz autoritaria:

—Socorred a ese hombre, y que se vaya.

Milón de la Arnoya apenas levantó la frente obstinada:

—Misia Dolores, esa mujer es mi perdición. Ningún mal puede contar de mí. Habla la verdad de toda cosa, Gaitana.

La renegrida se retorció los brazos:

—¡Arrenegado seas, tentador! ¡Arrenegado seas!

Los ojos hundidos y apagados de mi abuela se avivaron con una llama de cólera:

—Mozos, echad a ese malvado de mi puerta.

Remigio de Bealo y Pedro el Arnelo se dirigieron a la cancela del cercado, pero el otro les contuvo hablando torvo tañidero:[47]

—¡Aguardad, que ya me voy! Más hermandad se ve entre los lobos que entre los hombres.

[46] *acuciar:* estimular, meter prisa. [47] *torvo tañidero:* con mirada fiera y miserable.

Se alejó. La renegrida, derribada en tierra, se retorcía con la boca espumante, y las vendimiadoras la rodeaban, sujetándola para que no se desgarrase las ropas. Serenín de Bretal trajo agua del pozo. Micaela la Galana bajó con un rosario, y en aquel momento oyéronse grandes voces que daba en la calzada Milón de la Arnoya. Eran unas voces como alaridos de alimaña montés, y la renegrida al oírlas se levantó en medio del corro de las mujeres, antes de que la hubiesen tocado con el rosario bendito. Espumante, ululante,[48] mostrando entre jirones la carne convulsa, rompió por entre los carros de la vendimia y desapareció. Acudieron todos a la cancela y la vieron juntarse con Milón de la Arnoya. Después contaron que el forajido, prendiéndola de las trenzas, se la llevó arrastrando a su cueva del monte, y algunos dijeron que se habían sentido en el aire las alas de Satanás. Yo solamente vi, cuando anocheció y salió la luna, un búho sobre un ciprés.

[48] *ululante:* que da gritos y alaridos.

Rubén Darío

Rubén Darío (1867-1916), nació en Nicaragua, pero es en su paso por ciudades como Santiago de Chile; Buenos Aires, donde colaboró en La Nación*, el más importante de los periódicos latinoamericanos; Madrid, ciudad en la que fue representante diplomático de Nicaragua, y sobre todo París, donde adquirió un ideal de vida refinada que sólo podía cultivarse en las grandes ciudades.* Azul *(1888),* Prosas profanas *(1896) y* Cantos de vida y esperanza *(1905), le han consagrado como el padre del movimiento modernista.*

Rubén Darío
en Madrid.

Azul

En esta obra, publicada en 1888, Rubén Darío presenta ya las características del Modernismo. Consta de varios cuentos en prosa y unos poemas finales. Destacan el gusto por lo francés, los ambientes lejanos y misteriosos, junto con la importancia que da a lo decorativo y a la belleza que se puede percibir mediante los sentidos.

LA NINFA

(Cuento parisiense)

En el castillo que últimamente acaba de adquirir Lesbia, esa actriz caprichosa y endiablada que tanto ha dado que decir al mundo por sus extravagancias, nos hallábamos hasta seis amigos. Presidía nuestra Aspasia,[1] quien a la sazón se entretenía en chupar, como niña golosa, un terrón de azúcar húmedo, blanco, entre las yemas sonrosadas. Era la hora del *chartreuse*.[2] Se veía en los cristales de la mesa como una disolución de piedras preciosas, y la luz de los candeleros se descomponía en las copas medio vacías, donde quedaba algo de la púrpura del borgoña,[3] del oro hirviente del champaña, de las líquidas esmeraldas de la menta.

[1] *Aspasia:* reunión, tertulia. Darío lo toma del nombre de la célebre cortesana, afincada en la ciudad de Atenas a mediados del siglo V a. de C., natural de Mileto. Debe su fama a su amistad con Sócrates, Platón, Alcibíades, Pericles y otros. Causante de la unión del culto a las Musas con el de Venus, e ilustrada en Letras y Filosofía, abrió en su casa una escuela de Elegancia, Filosofía, Política y Elocuencia. [2] *chartreuse:* voz francesa. Licor fabricado por los padres cartujos. [3] *Borgoña:* Vino de esta región francesa.

Se hablaba con el entusiasmo de artistas de buena pasta, tras una buena comida. Éramos todos artistas, quién más quién menos, y aun había un sabio obeso que ostentaba en la albura[4] de una pechera inmaculada el gran nudo de una corbata monstruosa.

Alguien dijo:

—¡Ah, sí, Fremiet![5]

Y de Fremiet se pasó a sus animales, a su cincel maestro, a dos perros de bronce que, cerca de nosotros, uno buscaba la pista de la pieza, y otro, como mirando al cazador, alzaba el pescuezo y arbolaba la delgadez de su cola tiesa y erecta. ¿Quién habló de Mirón?[6] El sabio, que recitó en griego el epigrama de Anacreonte:[7] «Pastor, lleva a pastar más lejos tu hoyada,[8] no sea que creyendo que respira la vaca de Mirón, la quieras llevar contigo...».

Lesbia acabó de chupar su azúcar, y con una carcajada:

—¡Bah! Para mí los sátiros.[9] Yo quisiera dar vida a mis bronces, y si esto fuese posible, mi amante sería uno de esos velludos semidioses. Os advierto que más que a los sátiros adoro a los centauros,[10] y que me dejaría

[4] *albura:* de color blanco. [5] *Fremiet:* escultor francés, nacido en París el 6 de diciembre de 1824 y fallecido en la misma ciudad en 1910, que se hizo conocido por sus esculturas de animales. [6] *Mirón:* escultor griego activo desde el año 470 a. de C. Su estilo escultórico se inscribe a comienzos del arte clásico. [7] *Anacreonte:* poeta griego. No se sabe exactamente la fecha de su nacimiento, aunque tuvo lugar en el siglo VI a. de C. (probablemente en el año 560) en Teos, ciudad de Asia Menor. [8] *hoyada:* llanura rodeada de montañas. [9] *sátiro:* semidiós de la mitología grecorromana relacionado con el dios Pan, propio de los cultos a la fecundidad. Se le representaba como un hombre barbudo y de expresión sonriente, cuya parte inferior era de un macho cabrío. [10] *centauro:* monstruo fabuloso, mitad hombre y mitad caballo.

robar por uno de esos monstruos robustos, sólo por oír las quejas del engañado, que tocaría su flauta lleno de tristeza.

El sabio interrumpió:

—Los sátiros y los faunos, los hipocentauros y las sirenas han existido como las salamandras y el ave Fénix.[11]

Todos reímos; pero entre el coro de carcajadas se oía irresistible, encantadora, la de Lesbia, cuyo rostro encendido de mujer hermosa estaba como resplandeciente de placer.

—Sí —continuó el sabio—: ¿con qué derecho negamos los modernos, hechos que afirman los antiguos? El perro gigantesco que vio Alejandro,[12] alto como un hombre, es tan real como la araña Kraken[13] que vive en el fondo de los mares. San Antonio Abad, de edad de noventa años, fue en busca del viejo ermitaño Pablo, que vivía en una cueva. Lesbia, no te rías. Iba el santo por el yermo, apoyado en su báculo, sin saber dónde encontrar a quien buscaba. A mucho andar, ¿sabéis quién le dio las señas del camino que debía seguir? Un centauro: «medio hombre y medio caballo» —dice un autor—. Hablaba como enojado; huyó tan velozmente, que pronto le perdió de vista el santo; así iba galopando el monstruo, cabellos al aire y vientre a tierra.

En ese mismo viaje, San Antonio vio un sátiro, «hombrecillo de extraña figura, estaba junto a un arroyuelo,

[11] *ave Fénix:* ave fabulosa, que, según los antiguos, tenía virtud de renacer de sus cenizas. [12] *Alejandro:* rey de Macedonia desde el año 336 a. de C., año en que murió asesinado su padre Filipo II. Fue educado por Leónidas y más tarde por Aristóteles. [13] *araña Kraken:* monstruo de la mitología noruega, parecido a un calamar gigante.

tenía las narices corvas, frente áspera y arrugada, y la última parte de su contrahecho cuerpo remataba con pies de cabra».

—Ni más ni menos —dijo Lesbia—. ¡M. de Socureau, futuro miembro del Instituto!

Siguió el sabio:

—Afirma San Jerónimo[14] que en tiempo de Constantino Magno[15] se condujo a Alejandría un sátiro vivo, siendo conservado su cuerpo cuando murió. Además, viole el emperador de Antioquía.

Lesbia había vuelto a llenar su copa de menta, y humedecía su lengua en el licor verde como lo haría un animal felino.

—Dice Alberto Magno que en su tiempo cogieron a dos sátiros en los montes de Sajonia. Eurico Zormano asegura que en tierras de Tartaria[16] había hombres con un solo pie y sólo un brazo en el pecho. Vincencio vio en su época un monstruo, que trajeron al rey de Francia; tenía cabeza de perro (Lesbia reía). Los muslos, brazos y manos tan sin vello como los nuestros (Lesbia se agitaba como una chicuela a quien hiciesen cosquillas); comía carne cocida y bebía vino con todas ganas.

[14] *San Jerónimo:* Padre de la Iglesia, escritor de lengua latina, y santo. Nació en Estridón (Dalmacia), hacia el año 347 y murió en Belén. [15] *Constantino Magno:* emperador romano, apellidado *el Grande,* hijo de Constancio Cloro y de Flavia Elena, nacido en Naiso, en la Dacia, hacia 274, y muerto en Nicomedia en 337. Fue proclamado César Augusto en York en 306, a la muerte de su padre. [16] *Tartaria:* término con el que se conoce, en general, al conjunto de todos los pueblos turcos de Asia Central; fue aplicado por los europeos para nombrar a las hordas turco-mongolas que invadieron el este de Europa (Rusia casi completamente) en el siglo XIII. Probablemente, «tártaro» es equivalente a «bárbaro» en el sentido de denominar al extraño que habla incomprensiblemente.

Thomas Theodor Heine: *Loie Fuller*
Munich, hacia 1900.

«—¡Y qué! —dijo Lesbia, quemándome con sus ojos de faunesa; y con voz callada para que sólo yo la oyera—: ¡las ninfas existen, tú las verás!»

Rubén Darío: *La ninfa*.
(pág. 117)

José Bermejo: *El desquite.*
(óleo, fragmento, 1903)
Museo Nacional Centro de Arte Reina Sofía.

«—¡Si no callas te inflo los papos de un revés...!»

Miguel de Unamuno: *El desquite.*
(pág. 56)

—¡Colombine! —gritó Lesbia.

Y llegó Colombine; una falderilla que parecía un copo de algodón. Tomola su ama, y entre las explosiones de risa de todos:

—¡Toma, el monstruo que tenía tu cara!

Y le dio un beso en la boca, mientras el animal se estremecía e inflaba las narices como lleno de voluptuosidad.

—Y Filegón Traliano[17] —concluyó el sabio elegante— afirma la existencia de dos clases de hipocentauros: una de ellas como elefantes.

—Basta de sabiduría —dijo Lesbia, y acabó de beber la menta.

Yo estaba feliz. No había despegado mis labios.

—¡Oh! —exclamé—, ¡para mí las ninfas! Yo desearía contemplar esas desnudeces de los bosques y de las fuentes, aunque, como Acteón,[18] fuese despedazado por los perros. ¡Pero las ninfas no existen!

Concluyó aquel concierto alegre con una gran fuga de risas y de personas.

—¡Y qué! —dijo Lesbia, quemándome con sus ojos de faunesa; y con voz callada para que sólo yo la oyera—: ¡las ninfas existen, tú las verás!

Era un día primaveral. Yo vagaba por el parque del castillo, con el aire de un soñador empedernido. Los

[17] *Filegón Traliano:* personaje de la mitología griega. [18] *Acteón:* hijo de Aristeo y de Autónoe. Fue educado por el centauro Quirón, quien le adiestró en el arte de la caza, deporte al que Acteón dedicaba todo su tiempo. Murió devorado por sus propios sabuesos.

gorriones chillaban sobre las lilas nuevas y atacaban a los escarabajos, que se defendían del picotazo con sus corazas de esmeralda, con sus petos de oro y acero. En las rosas el carmín, el bermellón, la onda penetrante de perfumes dulces; más allá las violetas, en grandes grupos, con su color apacible y su olor a virgen. Después, los altos árboles, los ramajes tupidos, llenos de mil abejeos, las estatuas en la penumbra, los discóbolos[19] de bronce, los gladiadores musculosos en sus soberbias posturas gímnicas,[20] las glorietas perfumadas cubiertas de enredaderas, los pórticos, bellas imitaciones jónicas,[21] cariátides[22] todas blancas y lascivas, y vigorosos telamones[23] del orden atlántico, con anchas espaldas y muslos gigantescos. Vagaba por el laberinto de tales encantos cuando oí un ruido, allá en lo oscuro de la arboleda, en el estanque donde hay cisnes blancos como cincelados en alabastro, y otros que tienen la mitad del cuello del color del ébano,[24] como una pierna alba con media negra.

Llegué más cerca. ¿Soñaba? ¡Oh, nunca! Yo sentí lo que tú, cuando viste en su gruta por primera vez a Egeria.[25]

Estaba en el centro del estanque, entre la inquietud de los cisnes espantados, una ninfa, una verdadera

[19] *discóbolos:* en la Grecia antigua, lanzador de disco. [20] *gímnicas:* gimnásticas. [21] *jónico:* el orden jónico es el más ornamental y esbelto y menos complejo de los estilos arquitectónicos griegos. Surgió en el Asia Menor, en las costas de las islas jónicas, donde se le proporcionó una mayor riqueza decorativa y una mayor libertad en la ordenación de sus elementos. [22] *cariátides:* estatua que representa una mujer y sirve de columna. [23] *telamones:* atlantes. Estatua que representa un hombre y sirve de columna. [24] *ébano:* color verdusco oscuro. [25] *Egeria:* ninfa de Roma, considerada diosa de las fuentes.

ninfa, que hundía su carne de rosa en el agua cristalina. La cadera, a flor de espuma, parecía a veces como dorada por la luz opaca que alcanzaba a llegar por las brechas de las hojas. ¡Ah! Yo vi lirios, rosas, nieve, oro; vi un ideal con vida y forma y oí entre el burbujeo sonoro de la linfa herida, como una risa burlesca y armoniosa que me encendía la sangre.

De pronto huyó la visión, surgió la ninfa del estanque, semejante a Citerea[26] en su onda, y recogiendo sus cabellos, que goteaban brillantes, corrió por los rosales, tras las lilas y violetas, más allá de los tupidos arbolares, hasta perderse, ¡ay!, por un recodo; y quedé yo, poeta lírico, fauno[27] burlado, viendo a las grandes aves alabastrinas como mofándose de mí, tendiéndome sus largos cuellos en cuyo extremo brillaba bruñida el ágata[28] de sus picos.

Después almorzábamos juntos aquellos amigos de la noche pasada; entre todos, triunfante, con su pechera y su gran corbata oscura, el sabio obeso, futuro miembro del Instituto.

Y de repente, mientras todos charlaban de la última obra de Fremiet en el salón, exclamó Lesbia con su alegre voz de parisiense:

—¡Té!, como dice Tartarín:[29] ¡el poeta ha visto ninfas!...

La contemplaron todos asombrados, y ella me miraba como una gata, y, se reía, como una chiquilla a quien se le hiciesen cosquillas.

[26] *Citerea:* la diosa Venus, adorada en la isla de Chipre o Citeres. [27] *fauno:* semidiós que mora en general en terrenos agrestes. [28] *ágata:* variedad de mineral, duro, translúcido y con franjas. [29] *Tartarín:* personaje de A. Daudet. Era una especie de pícaro de la Provenza.

Cuento de terror

Rubén Darío escribió más de ochenta cuentos y sólo once, entre ellos La extraña muerte de Fray Pedro, *los dedicó al tema del misterio y terror; sin embargo él manifestó su inclinación hacia estos temas debido a las leyendas populares oídas en su niñez y a cierta afición hacia las ciencias ocultas. En este relato, publicado en 1896 con el título de* Verónica, *aparece el elemento religioso y los peligros que puede llevar jugar con él.*

LA EXTRAÑA MUERTE DE FRAY PEDRO

I

Visitando el convento de una ciudad española, no ha mucho tiempo el amable religioso que nos servía de cicerone, al pasar por el cementerio, me señaló una lápida, en que leí únicamente: *Hic iacet frater Petrus.*[30]

—Este —me dijo— fue uno de los vencidos por el diablo.

—Por el viejo diablo que ya chochea —le dije.

—No —me contestó—; por el demonio moderno que se escuda con la Ciencia. Y me narró el sucedido.

Fray Pedro de la Pasión era un espíritu perturbado por el maligno espíritu que infunde el ansia de saber. Flaco, anguloso, nervioso, pálido, dividía sus horas conventuales entre la oración, las disciplinas y el laboratorio, que le era permitido por los bienes que atraía a la

[30] *Hic iacet frater Petrus:* inscripción latina que significa: «Aquí yace el hermano Pedro».

comunidad. Había estudiado, desde muy joven, las ciencias ocultas. Nombraba, con cierto énfasis, en las horas de conversación, a Paracelsus,[31] a Alberto el Grande; y admiraba profundamente a ese otro fraile Schawartz, que nos hizo el diabólico favor de mezclar el salitre con el azufre.[32]

Por la ciencia había llegado hasta penetrar en ciertas iniciaciones astrológicas y quirománticas; ella le desviaba de la contemplación y del espíritu de la Escritura. En su alma se había anidado el mal de la curiosidad, que perdía a nuestros primeros padres. La oración misma era olvidada con frecuencia, cuando algún experimento le mantenía cauteloso y febril. Como toda lectura le era concedida y tenía a su disposición la rica biblioteca del convento, sus autores no fueron siempre los menos equívocos. Así llegó hasta pretender probar sus facultades de zahorí, y a poner a prueba los efectos de la magia blanca. No había duda de que estaba en gran peligro su alma, a causa de su sed de saber y de su olvido de que la ciencia constituye, en el principio, el alma de la Serpiente que ha de ser la esencial potencia del Antecristo, y que para el verdadero varón de fe, *initium sapientiae est timor domini*.[33]

[31] *Paracelsus:* científico, médico y mago suizo (1493-1541), en torno a cuya vida se tejió un aparato mitológico que aun hoy día sigue desafiando a la historia. Su nombre original era Philipp Theophrast Bombast von Hohenheim, pero fue sobre todo conocido por el apodo de *Paracelso*. [32] *mezclar el salitre con el azufre:* con esta mezcla se produce la pólvora negra. [33] *Initium sapientiae est timor domini:* frase latina que significa «el comienzo de la sabiduría es el temor de Dios».

II

¡Oh, ignorancia feliz, santa inorancia! ¡Fray Pedro de la Pasión no comprendía tu celeste virtud, que ha hecho ciertos a los Celestinos! Huysmans[34] se ha extendido sobre todo ello. Virtud que pone un celestial nimbo a algunos mínimos,[35] de Dios queridos, entre los esplendores místicos y milagrosos de las hagiografías.[36]

Los doctores explican y comentan altamente, cómo ante los ojos del Espíritu Santo las almas de amor son de mayor manera glorificadas que las almas de entendimiento. Ernest Hello ha pintado, en los sublimes *vitraux* de sus *Fisonomías de Santos,*[37] a esos beneméritos de la caridad, a esos favorecidos de la humildad, a esos seres columbanos, simples y blancos como los lirios, limpios de corazón, pobres de espíritu, bienaventurados hermanos de los pajaritos del Señor, mirados con ojos cariñosos y sororales por las puras estrellas del firmamento. Joris Karl, el merecido beato, quizá más tarde consagrado, a pesar de la literatura, en el maravilloso libro en que Durtal se convierte, viste de resplandores paradisíacos al lego guardapuercos que hace bajar a la pocilga la admiración de los coros arcangélicos, y al aplauso de las potestades de los cielos. Y Fray Pedro de la Pasión no comprendía eso...

[34] *Huysmans, Joris-Karl:* escritor francés de origen flamenco (1848-1907). Perteneció a la escuela naturalista. En los últimos años atravesó una profunda crisis mística aceptando la ortodoxia católica. Con Huysmans se ve la transición del sólido realismo decimonónico a la complejidad del gusto literario moderno. [35] *mínimos:* se refiere a los frailes franciscanos. [36] *hagiografías:* vidas de santos. [37] *Fisonomías de Santos:* obra del escritor y filósofo francés Ernest Hello (1828-1885).

Él, desde luego creía, creía con la fe de un indiscutible creyente. Mas el ansia de saber le azuzaba el espíritu, le lanzaba a la averiguación de secretos de la naturaleza y de la vida, a tal punto, que no se daba cuenta de cómo esa sed de saber, ese deseo indominable de penetrar en lo vedado y en lo arcano del universo era obra del pecado, y añagaza del Bajísimo, para impedirle de esa manera su consagración absoluta a la adoración del Eterno Padre. Y la última tentación sería fatal.

III

Acaeció el caso no hace muchos años. Llegó a manos de Fray Pedro un periódico en que se hablaba detalladamente de todos los progresos realizados en radiografía, gracias al descubrimiento del alemán Röentgen,[38] quien llegara a encontrar el modo de fotografiar a través de los cuerpos opacos. Supo lo que se comprendía en el tubo Crookes,[39] de la luz catódica, del rayo X. Vio el facsímil[40] de una mano cuya anatomía se transparentaba claramente, y la patente figura de objetos retratados entre cajas y bultos bien cerrados.

No pudo desde ese instante estar tranquilo, pues algo que era un ansia de su querer de creyente, aunque

[38] *Röentgen:* físico alemán (1845-1923), célebre descubridor de los rayos X.
[39] *Crookes, Sir William* (1832-1919): Físico y químico inglés. Descubrió el elemento químico *talio* y fue un incansable e imaginativo inventor. Su tubo de descarga de rayos catódicos formó parte de todos los laboratorios experimentales y permitió descubrir el electrón y el efecto fotoeléctrico. [40] *facsímil:* exacta imitación de un escrito dibujo, firma, etc.

no viese lo sacrílego que en ello se contenía, punzaba sus anhelos...

¿Cómo podría él encontrar un aparato como los aparatos de aquellos sabios, y que le permitiera llevar a cabo un oculto pensamiento en que se mezclaban su teología y sus ciencias físicas?... ¿Cómo podría realizar en su convento las mil cosas que se amontonaban en su enferma imaginación?

En las horas litúrgicas de los rezos y de los cánticos, notábanlo todos los otros miembros de la comunidad, ya meditabundo, ya agitado como por súbitos sobresaltos, ya con la faz encendida por repentina llama de sangre, ya con la mirada como extática, fija en lo alto, o clavada en la tierra. Y era la obra de la culpa que se afianzaba en el fondo de aquel combatido pecho, el pecado bíblico de la curiosidad, el pecado omnitranscendente de Adán, junto al árbol de la ciencia del Bien y del Mal.[41] Y era mucho más que una tempestad bajo un cráneo... Múltiples y raras ideas se agolpaban en la mente del religioso, que no encontraba la manera de adquirir los preciosos aparatos. ¡Cuánto de su vida no daría él por ver los peregrinos instrumentos de los sabios nuevos en su pobre laboratorio de fraile aficionado y poder sacar las *anheladas pruebas,* hacer los mágicos ensayos que abrirían una nueva era en la sabiduría y en la convicción humanas... él ofrecería más de lo que se ofreció a Santo Tomás...[42] Si se fotografiaba ya lo interior de nuestro cuerpo, bien podría pronto el hombre llegar a descu-

[41] *árbol del Bien y del Mal:* árbol del Paraíso del que comieron Adán y Eva.
[42] *Tomás de Aquino, Santo (1221-1274):* teólogo y filósofo italiano, creador de la construcción intelectual llamada *escolástica.*

brir visiblemente la naturaleza y origen del alma, y, aplicando ciencia a las cosas divinas, como podría permitirlo el Espíritu Santo, ¿por qué no aprisionar en las visiones de los éxtasis y en las manifestaciones de los espíritus celestiales sus formas exactas y verdaderas?

¡Si en Lourdes hubiese habido un Kodak, durante el tiempo de las visiones de Bernardetta![43] ¡Si en el momento en que Jesús o su Santa Madre, favorecen con presencia corporal a señalados fieles, se aplicase convenientemente la cámara obscura!...

¡Oh, cómo se convencerían los impíos, cómo triunfaría la religión! Así cavilaba, así se estrujaba el cerebro el pobre fraile, tentado por uno de los más encarnizados príncipes de las tinieblas.

IV

Y avino[44] que, en uno de esos momentos, en uno de esos instantes en que su deseo era más vivo, en hora en que debía estar entregado a la disciplina y a la oración, en su celda se presentó a su vista uno de los hermanos de la comunidad, llevándole un envoltorio bajo el hábito.

—Hermano —le dijo—, os he oído decir que deseabais una de esas máquinas, como esas con que los

[43] *Bernadette Soubirous* (1844-1879): nació en Lourdes en 1844 y murió en Nevers en 1879. El 11 de febrero de 1858 se dirigía a las orillas del Gave para recoger ramas secas, acompañada de su hermana y una amiga, cuando en la gruta de Massabielle, a poca distancia de la ciudad, se le apareció la Virgen María. [44] *avenir:* ponerse de acuerdo dos partes distintas o enfrentadas.

sabios están maravillando al mundo. Os la he podido conseguir. Aquí la tenéis.

Y depositando el envoltorio en manos del asombrado Fray Pedro, desapareció, sin que éste tuviese tiempo de advertir que debajo del hábito se habían mostrado, en el momento de la desaparición, dos patas de chivo.

Fray Pedro, desde el día del misterioso regalo consagrose a sus experimentos. Faltaba a maitines, no asistía a la misa, excusándose como enfermo. El padre provincial solía amonestarle, y todos le veían pasar extraño y misterioso y temían por la salud de su cuerpo y por la de su alma.

Y perseguía su idea dominante. Probó la máquina en sí mismo, en frutos, llaves, dentro de libros y demás cosas usuales. Hasta que un día...

O más bien una noche, el desventurado se atrevió, por fin, a realizar su pensamiento. Dirigiose al templo, receloso, a pasos callados. Penetró en la nave principal y se dirigió al altar en que, en el tabernáculo, se hallaba expuesto el Santísimo Sacramento. Sacó el copón. Tomó una sagrada forma. Salió veloz para su celda.

V

Al día siguiente, en la celda de Fray Pedro, se hallaba el señor arzobispo delante del padre provincial.

—Ilustrísimo señor —decía éste—; a Fray Pedro le hemos encontrado muerto. No andaba muy bien de la cabeza. Esos sus estudios creo que le causaron daño.

—¿Ha visto su reverencia esto? —dijo su señoría ilustrísima mostrándole una revelada placa fotográfica que recogió del suelo y en la cual se hallaba, con los brazos desclavados y una dulce mirada en sus divinos ojos, la imagen de Nuestro Señor Jesucristo.

Vicente Blasco Ibáñez

Vicente Blasco Ibáñez (1867-1928), empezó muy joven a publicar novelas, muy marcadas por una ideología revolucionaria, sin decidirse por ninguna de las tendencias estéticas del momento; solamente a partir de Arroz y tartana *(1894), novela con la que inicia su ciclo centrado en su tierra valenciana, comienza su verdadera labor literaria, enmarcada dentro de una tendencia naturalista e impresionista.* La barraca *(1898),* Cañas y barro *(1902) y* Sangre y arena *(1908) están entre sus novelas más sobresalientes.*

Vicente Blasco Ibáñez
(hacia 1910).

Cuentos Valencianos

Blasco Ibáñez fundó el periódico El Pueblo *en 1891. Escribió los* Cuentos Valencianos *para el periódico en una época en la que desarrolló una fuerte actividad política llena de aventuras y que le llevó incluso a la cárcel. Los publicó bajo este título en 1893 y abarcan muchos detalles peculiares de su tierra natal a la que tanto amaba el novelista. Son relatos duros y de un gran realismo.*

SANCHA

El bosque parecía alejarse hacia el mar, dejando entre sí y la Albufera[1] una extensa llanura baja, cubierta de vegetación bravía, rasgada a trechos por la tersa lámina de pequeñas lagunas.

Era el llano de Sancha. Un rebaño de cabras, guardado por un muchacho, pastaba entre las malezas, y a su vista surgió en la memoria de los hijos de la Albufera la tradición que daba su nombre al llano.

Un pastorcillo como el que ahora caminaba por la orilla, apacentaba sus cabras en otros tiempos en el mismo llano. Pero esto era muchos años antes, muchos... tantos, que ninguno de los viejos que aún vivían en la Albufera conoció al pastor; ni el mismo tío Paloma.

El muchacho vivía como un salvaje en la soledad, y los barqueros que pescaban en el lago le oían gritar desde muy lejos en las mañanas de calma:

[1] *Albufera:* laguna litoral de agua salina o ligeramente salobre, separada del mar por un estrecho depósito de arenas. En el texto, la de Valencia.

—¡Sancha, Sancha!

Sancha era una serpiente pequeña, la única amiga que le acompañaba. El mal bicho acudía a los gritos, y el pastor, ordeñando sus mejores cabras, le ofrecía un cuenco de leche. Después, en las horas de sol, el muchacho se fabricaba un caramillo[2] cortando cañas en los carrizales y soplaba dulcemente, teniendo a sus pies al reptil que enderezaba parte de su cuerpo y lo contraía como si quisiera danzar al compás de los suaves silbidos. Otras veces el pastor se entretenía deshaciendo los anillos de Sancha, extendiéndola en línea recta sobre la arena, regocijándose al ver con qué nerviosos impulsos volvía a enroscarse.

Cuando, cansado de estos juegos llevaba el rebaño al otro extremo de la gran llanura, seguíale la serpiente como un gozquecillo[3] o enroscándose a sus piernas le llegaba hasta el cuello, permaneciendo allí como caída o muerta, y con sus ojos de diamante fijos en los del pastor, erizándose el vello de su cara con el silbido de su boca triangular.

Las gentes de la Albufera lo tenían por brujo y más de una mujer de las que tomaban leña en la Dehesa, al verle llegar con la Sancha en el cuello, hacían la señal de la cruz como si se presentase el demonio. Así comprendían todos, cómo el pastor podía dormir en la selva sin miedo a los grandes reptiles que pululaban en la maleza. Sancha, que debía ser el diablo, le guardaba de todo peligro.

[2] *caramillo:* pequeña flauta de caña que emite un sonido muy agudo.
[3] *gozquecillo:* perro pequeño.

La serpiente crecía y el pastor era ya todo un hombre cuando los habitantes de la Albufera no lo vieron más. Se supo que era soldado y que se hallaba peleando en las guerras de Italia. Ningún otro rebaño volvió a pastar en la salvaje llanura. Los pescadores, al bajar a tierra, no gustaban de aventurarse en los altos juncales que cubrían las pestíferas lagunas. Sancha, falta de la leche con que la regalaba el pastor, debía perseguir los innumerables conejos de la dehesa.

Transcurrieron ocho o diez años y un día los habitantes de Saler,[4] vieron llegar, por el camino de Valencia, apoyado en un palo y con la mochila a la espalda, a un soldado, un granadero[5] enjuto y cetrino, con las negras polainas[6] hasta encima de la rodilla. Sus grandes bigotes no le impidieron ser reconocido. Era el pastor que regresaba. Llegó a la llanura pantanosa donde en otros tiempos guardaba sus reses. Nadie. Las libélulas movían sus alas sobre altos juncos con suave zumbido y en los charcos ocultos bajo los matorrales chapoteaban los sapos asustados por la proximidad del soldado.

—¡Sancha, Sancha! —llamó suavemente el antiguo pastor.

Y cuando hubo repetido su llamamiento muchas veces, vio que las altas hierbas se agitaban y oyó un estrépito de cañas tronchadas, como si se arrastrase un cuerpo pesado. Entre los juncos brillaron dos ojos a la altura de los suyos y avanzó una cabeza achatada moviendo la lengua de horquilla, con un bufido tétrico

[4] *Saler:* pueblo de la provincia de Valencia. [5] *granadero:* soldado de talla alta que se destinaba a arrojar granadas de mano. [6] *polainas:* botín o calza de paño o cuero que cubre la pierna hasta la rodilla.

que parecía helarle la sangre. Era Sancha, pero enorme, soberbia, levantándose a la altura de un hombre, arrastrando su cola entre la maleza hasta perderse de vista, con la piel multicolor y el cuerpo grueso como el tronco de un pino.

—¡Sancha! —gritó el soldado retrocediendo a impulsos del miedo—. ¡Cómo has crecido...! ¡Qué grande eres!

E intentó huir. Pero la antigua amiga, pasado el primer asombro, pareció reconocerle y se enroscó en torno de sus hombros, estrechándole con un anillo de su piel rugosa sacudida por nerviosos estremecimientos. El soldado forcejeó.

—¡Suelta, Sancha, suelta! No me abraces. Eres demasiado grande para esos juegos.

Otro anillo oprimió sus brazos agarrotándolos. La boca del reptil le acariciaba como en otros tiempos; su aliento le agitaba el bigote causándole un escalofrío angustioso, y mientras tanto, los anillos se contraían, se estrechaban hasta que el soldado, asfixiado, crujiéndole los huesos, cayó al suelo envuelto en el rollo de pintados colores de los anillos.

A los pocos días unos pescadores encontraron su cadáver; una masa informe con los huesos quebrantados y la carne amoratada por el irresistible apretón de Sancha. Así murió el pastor, víctima de un abrazo de su antigua amiga.

El préstamo de la difunta

Esta obra se publicó en 1921 y en ella Blasco Ibáñez reúne catorce novelas cortas de las cuales la primera da título a la obra; Un beso, *es el relato que ocupa el noveno lugar. La maestría de la pluma del creador valenciano se pone una vez más de manifiesto a lo largo de estas páginas de contenido muy diverso.*

UN BESO

Esto ocurrió a principios de Septiembre, días antes de la batalla del Marne,[7] cuando la invasión alemana se extendía por Francia, llegando hasta las cercanías de París.

El alumbrado empezaba a ser escaso, por miedo a los «taubes»,[8] que habían hecho sus primeras apariciones. Cafés y restoranes[9] cerraban sus puertas poco después de ponerse el sol, para evitar las tertulias del gentío ocioso, que comenta, critica y se indigna. El paseante nocturno no encontraba una silla en toda la ciudad; pero a pesar de esto, la muchedumbre seguía en los bulevares hasta la madrugada, esperando sin saber qué, yendo de un extremo a otro en busca de noticias, disputándose los bancos, que en tiempo ordinario están vacíos.

[7] *Marne:* batallas que tuvieron lugar durante la Primera Guerra Mundial entre Alemania y los países aliados, y que tuvieron como escenario el río Marne, en el nordeste de Francia. La primera batalla se desencadenó durante los días 6 y 12 de septiembre de 1914. [8] *taube:* palabra alemana que significa *paloma* y con la que se referían a un tipo de aviones alemanes debido a su parecido remoto con estas aves. [9] *restoranes:* restaurantes.

Varias corrientes humanas venían a perderse en la masa estacionada entre la Magdalena y la plaza de la República. Eran los refugiados de los departamentos del Norte, que huían ante el avance del enemigo, buscando amparo en la capital.

Llegaban los trenes desbordándose en racimos de personas. La gente se sostenía fuera de los vagones, se instalaba en las techumbres, escalaba la locomotora.

Días enteros invertían estos trenes en salvar un espacio recorrido ordinariamente en pocas horas. Permanecían inmóviles en los apartaderos de las estaciones, cediendo el paso a los convoyes militares. Y cuando al fin, molidos de cansancio, medio asfixiados por el calor y el amontonamiento, entraban los fugitivos en París, a media noche o al amanecer, no sabían adónde dirigirse, vagaban por las calles y acababan instalando su campamento en una acera, como si estuviesen en pleno desierto.

La una de la madrugada. Me apresuro a sentarme en el vacío todavía caliente que me ofrece un banco del bulevar, adelantándome a otros rivales que también lo desean.

Llevo cuatro horas de paseo incesante en la noche caliginosa.[10] Sobre los tejados pasan las mangas blancas de los reflectores, regleteando de luz el ébano del cielo. Contemplo, con la satisfacción de un privilegiado, a la muchedumbre desheredada que se desliza en la penumbra lanzando miradas codiciosas al banco. El reposo me hace sentir todo el peso de la fatiga anterior. Reconozco que si los ulanos[11] apareciesen de pronto trotando por el centro de la calle, no me movería.

[10] *caliginosa:* oscura. [11] *ulanos:* soldado de caballería ligera armado de lanza.

Una pierna me transmite su calor a través de una tenue faldamenta de verano. Me fijo en mi vecina, muchacha de las que siguen viniendo al bulevar por costumbre, pero sin esperanza alguna, pues el tiempo no está para bagatelas.[12]

Tiene la nariz respingada, los ojos algo oblicuos, y un hociquito gracioso coronado por un sombrero de cuatro francos noventa. El cuerpo pequeño, ágil y flaco, va envuelto en un vestido de los que fabrican a centenares los grandes almacenes para uniformar con elegancia barata a las parisienses pobres. Por debajo de la falda asoman unas pezuñitas de terciopelo polvoriento. Sonríe con un esfuerzo visible, frunciendo al mismo tiempo las cejas. Se adivina que es una mujer ácida, de las que «hacen historias» a los amigos; una especie de calamar amoroso, que esparce en torno la amarga tinta de su mal carácter.

Conversa con una respetable matrona[13] que vuelve llorosa de la estación de despedir a su hijo, que es soldado. Junto a ella está una hija de catorce años, mirando a la vecina con ojos curiosos y admirativos. Los que ocupan el resto del banco dormitan con la cabeza baja o sueñan despiertos contemplando el cielo.

La burguesa, al hablar, gratifica a la muchacha ácida con un solemne *Madame*.[14] Hace un mes habría abandonado el asiento, a pesar de su cansancio, para evitarse tal vecindad. ¡Pero ahora!... La inquietud nos ha hecho a todos bien educados y tolerantes. París es un buque en peligro, y sus pasajeros olvidan las preocupaciones y

[12] *bagatelas:* cosas de poca importancia y valor. [13] *matrona:* madre de familia noble y virtuosa. [14] *madame:* en francés, señora.

rencillas de los días de calma, para buscarse fraternalmente.

Sigo su conversación fingiéndome distraído. La madre es pesimista. ¡Maldita guerra! Parece que las cosas marchan mal. Le van a matar al hijo; casi está segura de ello, y sus ojos se humedecen con una desesperación prematura. Los enemigos están cerca; van a entrar en París «como la otra vez»... Pero la joven malhumorada muestra un optimismo agresivo.

—No, no entrarán, *Madame*... Y ¡si entran, yo no quiero verlo, no me da la gana; no podría! Me arrojaré antes al Sena... Pero no; mejor será que me quede en mi ventana, y al primero que entre en la calle le enviaré...

Y enumera todos los objetos de uso íntimo que piensa emplear como proyectiles. Vibra en ella la resolución absurdamente heroica de los insensatos gloriosos que protestan para hacerse fusilar.

Algo pasa por la acera que interrumpe estos propósitos desesperados. Avanza lentamente un matrimonio de viejos: dos seres pequeñitos, arrugados, trémulos, que se detienen un momento, respiran con avidez, gimen e intentan seguir adelante. Ella, vestida de negro, con una capota de plumajes roídos por la polilla, se muestra la más animosa. Es enjuta[15] y obscura; sus miembros, flacos y nudosos, parecen sarmientos trenzados. Se pasa de mano a mano una maleta que tira de ella con insufrible pesadez, encorvándola hacia el suelo.

A pesar de su cansancio, intenta auxiliar al hombre, que es una especie de momia. Su cabeza de pelos ralos[16]

[15] *enjuta:* delgada, flaca. [16] *ralos:* de pelo poco poblado.

aún parece más grande moviéndose sobre un cuello cartilaginoso, del que surgen los ligamentos con duro relieve. Los dos son de una vejez extremada; parecen escapados de una tumba. Les atormentan los paquetes que intentan arrastrar; caminan tambaleándose, como la hormiga que empuja un grano superior a su estatura. En este cansancio aplastante se adivina un nuevo suplicio, el de ir vestidos con las ropas guardadas durante muchos años para las grandes ceremonias de la vida: ella con falda de seda dura y crujiente; él puesto de levita y paletó[17] de invierno.

El viejo deja caer el fardo que lleva en los brazos, y luego se desploma sobre este asiento improvisado.

—No puedo más... Voy a morir.

Gime como un pequeñuelo. Su pobre cabeza de ave desplumada se agita con el hipo que precede al llanto.

—Valor, mi hombre... Tal vez no estamos lejos. ¡Un esfuerzo!

La viejecita quiere mostrarse enérgica y contiene sus lágrimas. Se adivina que en la casa que dejaron a sus espaldas era ella la dirección, la voluntad, la palabra vehemente. Su diestra escamosa, abandonando a la otra mano todo el peso de la maleta, acaricia las mejillas del viejo. Es un gesto maternal para infundirle ánimo; tal vez es un halago amoroso que se repite después de un paréntesis de medio siglo. ¡Quién sabe! ¡La guerra ha despertado tantas cosas que parecían dormidas para siempre!...

Yo me imagino el infortunio de esos dos seres que representan ciento setenta años. Son Filemón y Baucis,

[17] *paletó:* especie de gabán de paño grueso, largo, entallado y sin faldas.

que acaban de ver su apergaminado idilio roto por la invasión. Tienen el aspecto de antiguos habitantes de la ciudad que han ido a pasar el resto de su existencia en el campo, dejándose cubrir por las pacificaciones ásperas y saludables de la vida rústica. Tal vez fueron pequeños tenderos; tal vez ganó él su retiro en una oficina. Cuando no existían aún los hombres maduros del presente, se refugiaron los dos en esta felicidad mediocre, en este aislamiento egoísta soñado durante largos años de trabajo: una casita rodeada de flores, con algunos árboles; un gallinero para ella, un pedazo de tierra para él, aficionado al cultivo de legumbres.

Entraron en este nirvana burgués cuando los ferrocarriles eran menos aún que las diligencias, cuando la humanidad soñaba a la luz del petróleo, cuando un despacho telegráfico representaba un suceso culminante en una vida... Y de pronto, el miedo a la invasión alemana, que suprime un pueblo en unas cuantas horas, les ha impulsado a huir de una vivienda que era a modo de una secreción de sus organismos. Luego se han visto en París, aturdidos por la muchedumbre y por la noche, desamparados, no sabiendo cómo seguir su camino.

—Valor, mi hombre —repite la esposa.

Pero tiene que olvidarse de su compañero para dar gracias, con una cortesía de otros tiempos, a alguien que le toma la maleta e intenta levantar al viejo.

Es la muchacha ácida, que da órdenes y empuja con irresistible autoridad.

Ahora reconozco que no lo pasará bien el primer ulano que entre en su calle. Con un simple ademán limpia de gente una parte del banco, para que se instalen con amplitud los dos ancianos.

Queda espacio libre, pero yo me guardo bien de volver a sentarme. No quiero recibir un bufido con acompañamiento de varios nombres de pescados deshonrosos.

Sin duda la presencia de estos viejos ha resucitado en la memoria de la muchacha la imagen de otros viejos largamente olvidados.

La trémula Baucis da explicaciones. Dos días en ferrocarril. Han huido con todo lo que pudieron llevarse. Su última comida fue en la tarde del día anterior; pero esto no les aflige: los viejos comen poco. Lo que les aterra es el cansancio. Llegaron a las diez: ni un carruaje, ni un hombre en la estación que quisiera cargar con sus paquetes. Todos están en la guerra. Llevan tres horas buscando su camino.

—Tenemos en París unos sobrinos— continúa la anciana.

Pero se interrumpe al ver que Filemón se ha desmayado, precisamente ahora que descansa. Los curiosos del bulevar, que esperan siempre un suceso, se aglomeran en torno del banco. La protectora empuja e insulta, sin dejar de ocuparse de los viejos.

—¿Y viven cerca los parientes?

—Plaza de la Bastilla —contesta Baucis, que no sabe dónde está la plaza.

Un murmullo de tristeza; un gesto de lástima. Todos miran el extremo del bulevar, que se pierde en la noche. ¡Tan lejos!... ¡No llegarán nunca! Circulan pocos automóviles; sólo de vez en cuando pasa alguno.

Los brazos de la bienhechora trazan imperiosos manoteos; su voz intenta detener a los vehículos que se deslizan veloces. Carcajadas o palabras de menosprecio contestan a sus llamamientos, y ella, indignada contra los chóferes insolentes, da suelta al léxico de su cólera, intercalando con frecuencia la frase más célebre de Waterloo.[18]

Cuando transcurren algunos minutos sin que pasen vehículos, vuelve al lado de los viejos para animarlos con su energía. Ella los instalará en un carruaje; pueden descansar tranquilos.

De pronto salta en medio del bulevar. Viene mugiendo un automóvil del ejército, desocupado y enorme, a toda fuerza de su motor. El soldado que lo guía cambia de dirección para no aplastar a esta desesperada que permanece inmóvil, con los brazos en alto.

Su prudencia resulta inútil, pues la mujer, moviéndose en igual sentido, marcha a su encuentro. La multitud grita de angustia. Con un violento tirón de frenos, el automóvil se detiene cuando su parte delantera empuja ya a esta suicida. Debe haber recibido un fuerte golpe.

El chófer, un artillero de pelo rojo y aspecto campesino, que lleva sobre el uniforme un chaquetón de caucho, increpa a la muchacha, la insulta por el sobresalto que le ha hecho sufrir. Ella, como si no le oyese, le dice con autoridad, tuteándole:

—Vas a llevar a estos dos viajeros. Es ahí cerca, a la Bastilla.

La sorpresa deja estupefacto al soldado. Luego ríe ante lo absurdo de la proposición. Va de prisa, tiene

[18] *Waterloo:* batalla en la que tuvo lugar la derrota de Napoleón en 1815.

que entrar en el cuartel cuanto antes. Le grita que se aleje, que salga de entre las ruedas. Ella afirma que no se moverá, e intenta tenderse en el suelo para que el vehículo la aplaste al ponerse en marcha.

El artillero jura indignado, tomando por testigos a los curiosos. Esto no es serio; le van a castigar; el cuartel... los oficiales... Pero ella está ya en el pescante,[19] inclinando hacia el conductor su rostro ceñudo, esforzándose por encontrar un gesto de graciosa seducción.

—Yo te recompensaré. Llévalos y te daré un beso.

Sonríe el soldado débilmente, mirándola a la cara para apreciar el valor del ofrecimiento. No es gran cosa, pero ¡qué diablo! un beso siempre resulta agradable.

La gente ríe y palmotea, y la muchacha, mientras tanto, se aprovecha de esta situación para instalar a los viejos en el vehículo con todos sus paquetes.

El chófer pone en movimiento su motor.

—Gracias, *Madame* —dice lloriqueando Baucis, mientras Filemón articula gemidos de gratitud.

Pero *Madame* no les oye, ocupada en depositar dos besos sonoros en las mejillas del artillero, brillantes y ennegrecidas por la grasa de los engranajes. «Toma... toma.»

Se aleja el automóvil y se deshacen los grupos. Las pezuñitas de terciopelo vuelven hacia el banco. Una de ellas cojea dolorosamente. Siento la tentación de besar también, de besar a la muchacha ácida, pero me inspira miedo.

Temo que interprete torcidamente mis intenciones.

[19] *pescante:* en los coches, asiento del cochero.

Hermanos Álvarez Quintero

Serafín (1871-1938) y Joaquín (1873-1944) Álvarez Quintero nacieron en Utrera (Sevilla). Cultivaron, siempre en colaboración, la comedia de costumbres con singular gracia, inspirándose frecuentemente en su patria andaluza. La buena técnica teatral y el fiel reflejo del habla de su tierra son los aspectos más destacados de sus obras, entre las que cabe mencionar: El patio *(1901),* El genio alegre *(1906) y* Malvaloca *(1912).*

Serafín y Joaquín Álvarez Quintero
(hacia 1900).

Cuentos

Los dos cuentos de los Hermanos Álvarez Quintero, que figuran a continuación los publicaron el 4 de enero de 1902 y el 2 de febrero de 1913. En ellos se puede observar su sentido del humor, su ternura y la gracia que emanaba de su temperamento andaluz.

PREGUNTONES

I

El señor Cristóbal, antiguo servidor de una rica casa de labradores andaluces, tenía muy cerca de ochenta años, las piernas flojas y la cabeza fuerte.

Aunque no estaba ya para muchos trajines, ni aun para pocos, los señores, agradecidos a los fieles servicios que la vida les prestó, lo conservaban a su lado de muy buena gana. Añádase a esto que Cristóbal era pintiparado para entretener a la gente menuda, y que en la casa había dos niños, Perico y María: nardo y rosa, como dijo el poeta.

Perico de seis años y de cinco María, tenían de curiosidad lo menos cincuenta cada uno. Su anhelo de saber, expresado en atropelladas preguntas, abrumaba sin desesperarlo al señor Cristóbal, a cuyo cargo corrían las respuestas.

La ciencia de Merlín[1] veríase muy apurada ante aquel par de preguntones. No se diga la del señor Cristóbal.

II

Mucho preguntaba María, y sobrado comprometedoras eran sus preguntas; pero, por la índole de éstas, el viejo salía del paso con mayor desenfado y holgura que cuando le interrogaba Perico. Perico era temible.

Decía la niña:

—Oye, ¿cómo es la Virgen?

—Mu guapa.[2]

—¿Y dónde está sentá?

—En un cojín de raso, ayá en er sielo.

Y se acababan las dudas por de pronto. Pero Perico profundizaba más en sus peregrinas investigaciones.

—Escucha, Cristóba —decía tirándole al viejo de un brazo, nervioso de curiosidad.

—¿Qué quieres?

—Escucha.

—¿Qué?

—¿Dónde está el mundo?

¡Vaya usted a contestar a eso a rajatabla,[3] como exigía Perico, sin meditar un minuto siquiera!

[1] *Merlín:* mago y profeta, invención literaria medieval de Geoffrey de Monmouth. [2] *mu guapa:* muy guapa. (Habla popular andaluza que caracteriza al personaje a lo largo de todo el texto.) [3] *rajatabla:* familiarmente, locución que significa «estrictamente, con todo rigor, cueste lo que cueste».

—¿Que dónde está er mundo? —repetía Cristóbal rascándose la frente—. Er mundo... er mundo no está en ninguna parte... porque *tó es er mundo...*

El interlocutor no se quedaba muy satisfecho que digamos, pero en vez de insistir en el mismo tema saltaba a otra pregunta, como salta un pájaro de una rama a un alero.

—Atiende, Cristóba: ¿dónde está el mar?

—¿Er ma? En Cádi.

—¿Ná más que en Cádi?

—Y en América.

—¿Y dónde está América?

—América está mu lejos.

—Pero ¿está en el mundo? —añadía el chiquillo *asociando ideas.*

—¡Claro! En er mundo *está tó* —repetía el señor Cristóbal, seguro ya de su argumento.

III

Una tarde, entre el niño y la niña agotaron, si no la paciencia, que era inagotable, la sabiduría del pobre viejo, que no lo era tanto.

—Cristóba, ¿cuántas estreyas hay?

—Según... Unas noches hay más... y otras noches hay menos...

—¿Y por qué?

—¡Toma! Porque... las noches de luna... las estreyas no salen toas.

—¿La luna no es una estreya, tú?

—No; la luna... es la luna.

—Y las estreyas, ¿dónde están sujetas?

—En el aire; miá, éste.

—¿Y no se puen caé?

—No tengas cuidao. Ochenta años tengo yo y no he visto caerse ninguna.

—Y el sol, ¿dónde está?

El señor Cristóbal, temeroso de meterse en un callejón sin salida, dio un silbido por respuesta.

—¿No lo sabes?

—¡No lo había e sabé!... (Claro está que no lo sabía.)

—Oye, Cristóba —interrumpió la niña, a quien preocupaban en extremo las cosas santas—: ¿quién es más, el papa o el rey?

—¿Qué?

—Que quién es más, ¿el papa o el rey?

—Er papa.

—Pos Perico dise que el rey.

—¡Y es más el rey! —saltaba Perico con aplomo que hacía dudar al oráculo.

—¡Sí, porque tú quieras! —replicaba éste como esquivando entrar en discusiones.

—Oye, Cristóba, ¿y los curas, qué son?

—Curas.

—Oye, Cristóba, el tren ¿cómo anda?

—¿Er tren? ¿Tú no has visto er carbón que yeva dentro?

—Sí.

—¿Y ar maquinista?

—También.

—¡Pos ahí lo tienes!... No hay más que fijarse en las cosas.

—Oye, Cristóba, ¿los fósforos son veneno?

—Oye, Cristóba, ¿los moros son malos?

—Oye, Cristóba, ¿qué es más grande, Seviya o España?

—Oye, Cristóba, ¿por qué yueve?

—Oye, Cristóba, ¿quién ha sembrao los árboles?

—Oye, Cristóba, ¿quién puede más, un toro o un cabayo?

—Oye, Cristóba...

—Oye, Cristóba...

Cristóbal tuvo que acabar por taparse los oídos.

Cuando era más vivo el tiroteo acertó a pasar por allí la señora de la casa (a quien, dicho sea entre paréntesis, se podía mirar), y sorprendió el gracioso diálogo.

—¿Son malos, Cristóbal? —preguntó acariciando a sus hijos—. Porque si son malos, desde mañana van a la escuela. ¡No hay vacaciones!

Y el señor Cristóbal, suspirando y riendo a la vez, se atrevió a contestar:

—Señorita Carmen, er que va a la escuela desde mañana, soy yo.

IV

Varios meses después, al volver una mañana los niños de la mano del buen Cristóbal, le dijo Perico a su madre con la entereza de quien está resuelto en su propósito:

—Mamá, yo no vuelvo a la escuela.

—¿Que no vuelves a la escuela? ¿Por qué? —preguntó la madre sorprendida.

—Porque el maestro no explica las cosas tan bien como éste.

Éste era Cristóbal.

La señora soltó la risa y felicitó al viejo mentor,[4] que lloraba de orgullo. ¡Aquel triunfo sobre don Matías era para envanecer al hombre más modesto!

Por la tarde no fueron los niños a la escuela, y el viejo se los llevó de la mano al campo, a tomar el sol... El día era hermoso; la primavera daba una voz diciendo: ¡Allá voy!... Las mariposas alegraban el aire...

El señor Cristóbal saboreó su triunfo, y algo más seguro ya de su sabiduría, y con cierta vanidad disculpable, les habló a los niños de todo cuanto había en la tierra fecunda que iban pisando, y en el cielo alegre y limpio que brillaba sobre sus cabezas...

[4] *mentor:* consejero.

EL NACER DE LAS COPLAS

El pobrecito

Los tíos de José Luis siempre le estaban predicando lo mismo:

—Doña Lupe es el mejor partido de Alminares;[5] doña Lupe es la mujer que a ti te conviene. Déjate de chiquillas, que empiezan por no saber lo que es el gobierno de una casa.

José Luis torcía el gesto. Los tíos argüían:

—Casarse no es correr una *juerga* de esas que tú corres. Hora es ya de que sientes un poco la cabeza y busques una mujer de aplomo, de experiencia del mundo, y que, por añadidura, no vaya desnuda, como se dice.

José Luis, que no tenía pelo de tonto, se rascaba una oreja y se alegraba de que doña Lupe, cuya edad era todo un enigma, no fuese desnuda.

—Tú no eres ningún niño, José Luis. Y doña Lupe te quiere, te adora; se embelesa mirándote. Además, es

[5] *alminares:* torres de las mezquitas; en el contexto, barrio de Granada.

una verdadera proporción:[6] tiene su dinerito bien guardado. Y como figura, no dirás; que se lleva de calle a los hombres.

La mano de José Luis pasaba de la oreja a la coronilla.

Su tío, hombre dado a poner ejemplos, le había repetido mil veces:

—Convéncete, José Luis; entre doña Lupe, y esa mocosa de la calle Larga, que te ha sorbido el seso, y que no tiene más que el día y la noche, como tú, hay la misma diferencia que hay de un duro a dos cuartos.[7] ¡Casi nada! ¡De un duro a dos cuartos!

Tanto dijeron, que José Luis más bien por complacer a sus tíos que por propio convencimiento, se puso un día de tiros largos y decidió ir a saludar a doña Lupe. Quería verla de cerca, quería observar si, en efecto, valía la pena de liarse la manta a la cabeza y de venderle el alma al diablo. Quería también cerciorarse de si doña Lupe era mujer de tanto salero y garabato como pregonaban sus tíos, o era sencillamente lo que se llama una *vieja marchosa,* como él barruntaba y temía.

En el primer caso —pensó él—, ¡pecho al agua! ¡Qué diantre! Así como así, no tenía oficio ni beneficio, ni maldita afición al trabajo, ni una peseta ni por donde viniese. El porvenir, a sus treinta años, no se le ofrecía de color de rosa.

Camino ya de la casa de doña Lupe, decía para su capote, animándose al paso que iba a dar:

[6] proporción: adinerada, un buen partido. [7] *dos cuartos:* moneda antigua de poco valor.

Jorge Wynne Apperley: *Cante jondo.*
Colección particular.

«Una vieja vale un duro,
y una muchacha dos cuartos;
yo, como soy pobresito,
me voy a lo más barato.»

Hermanos Álvarez Quintero: *El nacer de las coplas*.
(pág. 164)

Anónimo: Religioso con muceta.

«El cura de Maqueda es un hombre alto, apuesto, de atezadas facciones y ojos endrinos. Bajo apariencia de brusquedad, hay en todos sus ademanes cordial señorío.»

Azorín: *El cura de Maqueda* (pág. 194).

—¡Vamos ayá... y a vé lo que sale! ¡Pué que sea esa señora como esas medisinas, que hay que serrá los ojos pa tomárselas, pero que luego sientan bien!

Para ir adonde iba no tenía ninguna necesidad de pasar por la calla Larga; pero ello es que pasó. ¿Por qué pasó? ¿Por que lo viera alguien tan peripuesto? ¿Por azar? ¿Por que sus pasos lo llevaban, sin que él lo advirtiese? ¿Por que en ellos mandaban sus sentimientos?... El hecho es que pasó.

Sentada a la puerta de su casa —¡casualidad como ella!— estaba la otra, la mocita, la que no valía más que dos cuartos, en opinión de los tíos de José Luis. Era una morenita pálida, que parecía florecer por la boca. Al advertir la presencia de José Luis sonrió complacida, y la flor roja de sus labios esparció sus colores por toda la cara.

José Luis, ¿qué había de hacer? ¿Cómo no detenerse ante ella? Era imposible, aun contando con Santa Rita.[8] Y se detuvo. Y no declaró a qué casa se encaminaba. Y trabaron palique. Ella le sacó una silla y él se sentó a su lado. La charla pasó de liviana cháchara a conversación interesante y sabrosa. Y se puso el sol y salió la luna... y vio a José Luis pegado a la ventana de la mocita.

Cuando volvió a casa de sus tíos, éstos ya estaban acostados. No hablaron, pues, aquella noche.

A la mañana siguiente fueron los dos a la habitación del sobrino, deseosos de conocer el resultado de la entrevista con doña Lupe, y antes de entrar, oyeron a José Luis que cantaba con gracia:

[8] *Santa Rita:* patrona de los imposibles.

Una vieja vale un duro,
y una muchacha dos cuartos;
yo, como soy pobresito,
me voy a lo más barato.

El tío se echó a reír y puso otro ejemplo. La tía suspiró y compadeció a doña Lupe, que, esperando la visita del galán se había pasado la tarde anterior llena de lazos y perifollos como conejo en rifa.

Pío Baroja

Pío Baroja (1872-1956) abandonó la carrera de Medicina, recién terminada, para dedicarse a escribir infatigablemente. Es el gran novelista de la Generación del 98. El escritor guipuzcoano posee una gran capacidad de observación y de comprensión y se vuelca tanto hacia la cultura de otros países como hacia los problemas de España. Tierra vasca *(1900-1909),* La lucha por la vida *(1904-1905),* La raza *(1908-1911) y* El mar *(1911-1930) son algunas de sus trilogías más representativas en las que dominan el pesimismo existencial y la voluntad antirretórica, características relevantes del autor.*

Pío Baroja.

Aguafuerte de Ricardo Baroja (fragmento).
Calcografía Nacional. Madrid.

Fantasías Vascas

Pío Baroja escribió numerosos cuentos; los tres relatos seleccionados pertenecen a esta obra publicada en 1941. En ellos se ponen de manifiesto las principales características del arte de narrar de este autor: viveza, amenidad y claridad que producen una gran impresión de realismo.

MARI-BELCHA

Cuando te quedas sola a la puerta del negro caserío con tu hermanillo en brazos, ¿en qué piensas, Mari-Belcha, al mirar los montes lejanos y el cielo pálido?

Te llaman Mari-Belcha, María la Negra, porque naciste el día de los Reyes, no por otra cosa; te llaman Mari-Belcha, y eres blanca como los corderillos cuando salen del lavadero, y rubia como las mieses doradas del estío...

Cuando voy por delante de tu casa, en mi caballo, te escondes al verme, te ocultas de mí, del médico viejo que fue el primero en recibirte en sus brazos, en aquella mañana fría en que naciste.

¡Si supieras cómo la recuerdo! Esperábamos en la cocina, al lado de la lumbre. Tu abuela, con las lágrimas en los ojos, calentaba las ropas que habías de vestir y miraba al fuego pensativa; tus tíos, los de Aristondo, hablaban del tiempo y de las cosechas; yo iba a ver a tu madre a cada paso, a la alcoba, una alcoba pequeña, de cuyo techo colgaban trenzadas las mazorcas de maíz, y mientras tu madre gemía y el buenazo de José Ramón, tu padre, la cuidaba, yo veía por las ventanas el monte lleno de nieve y las bandadas de tordos que cruzaban el aire.

Por fin, tras de hacernos esperar a todos, viniste al mundo llorando desesperadamente. ¿Por qué lloran los hombres cuando nacen? ¿Será que la nada, de donde llegan, es más dulce que la vida que se les presenta?

Como te decía, te presentaste chillando rabiosamente, y los Reyes, advertidos de tu llegada, pusieron una moneda, un duro, en la gorrita que había de cubrir tu cabeza. Quizá era el mismo que me habían dado en tu casa por asistir a tu madre...

Y ahora te escondes cuando paso, cuando paso con mi viejo caballo. ¡Ah! Pero yo también te miro ocultándome entre los árboles; ¿y sabes por qué? Si te lo dijera, te reirías... Yo, el *medicuzarra,*[1] que podría ser tu abuelo; sí, es verdad. Si te lo dijera, te reirías.

¡Me pareces tan hermosa! Dicen que tu cara está morena por el sol, que tu pecho no tiene relieve; quizá sea cierto; pero, en cambio, tus ojos tienen la serenidad de las auroras tranquilas del otoño y tus labios el color de las amapolas, de los amarillos trigales.

Luego, eres buena y cariñosa. Hace unos días, el martes que hubo feria, ¿te acuerdas?, tus padres habían bajado al pueblo y tú paseabas por la heredad con tu hermanillo en brazos.

El chico tenía mal humor, tú querías distraerle y le enseñabas las vacas, la *Gorriya* y la *Beltza,* que pastaban la hierba, resoplando con alegría, corriendo pesada-

[1] *medicuzarra:* médico viejo.

mente de un lado a otro, mientras azotaban las piernas con sus largas colas.

Tú le decías al condenado del chico: «Mira a la *Gorriya*... a esa tonta... con esos cuernos...; pregúntale tú, *maitía:*[2] ¿por qué cierras los ojos, esos ojos tan grandes y tan tontos?... No muevas la cola».

Y la *Gorriya* se acercaba a ti y te miraba con su mirada triste de rumiante, y tendía la cabeza para que acariciaras su rizada testuz.

Luego te acercabas a la otra vaca, y señalándola con el dedo, decías: «Ésta es la *Beltza*... ¡Hum!... ¡Qué negra... qué mala!... A ésta no la queremos. A la *Gorriya* sí».

Y el chico repitió contigo: «A la *Gorriya* sí»; pero luego se acordó que tenía mal humor, y empezó a llorar.

Y yo también empecé a llorar no sé por qué. Verdad es que los viejos tenemos dentro del pecho corazón de niño.

Y para callar a tu hermano recurriste al perrillo alborotador, a las gallinas que picoteaban en el suelo, precedidas del coquetón[3] del gallo, a los estúpidos cerdos que corrían de un lado a otro.

Cuando el niño callaba, te quedabas pensativa. Tus ojos miraban los montes azulados de la lejanía, pero sin verlos; miraban las nubes blancas que cruzaban el cielo pálido, las hojas secas que cubrían el monte, las ramas descarnadas de los árboles, y, sin embargo, no veían nada.

Veían algo, pero era en el interior del alma, en esas regiones misteriosas, donde brotan los amores y los sueños...

2 *maitía:* cariño, querido/a, etc. 3 *coquetón:* atractivo, agradable.

Hoy, al pasar, te he visto aún más preocupada.

Sentada sobre un tronco de árbol, en actitud de abandono, mascabas nerviosa una hoja de menta.

Dime, Mari-Belcha, ¿en qué piensas al mirar los montes lejanos y el cielo pálido?

GRITO EN EL MAR

La mañana y la tarde se habían pasado lloviendo como lagrimones que brotan de un corazón oprimido, caían las gruesas gotas de lluvia, brillando en el aire con reflejos de acero y haciendo saltar el agua de los charcos. Declinaba el día; las nubes grises que cerraban el cielo encontrábanse muy bajas, y leves neblinas empañaban el aire.

Un paisaje envuelto en la niebla tiene alguna semejanza con el alma sumida en la tristeza; ese fino cendal[4] de ligera bruma que parece envolver y acariciarlo todo ofrece para algunos encantos y atractivos mayores que los de un día esplendoroso de Sol; la felicidad busca el astro vivificador que hace sonreír la Tierra; el dolor, la oscuridad; la melancolía, mezcla de felicidad y dolor, busca la penumbra, mezcla de día y de noche.

Era día de niebla, relucía el suelo empapado de agua con amortiguado brillo, y relucían los charcos como

[4] *cendal:* tela de mucho precio, delgada y transparente, generalmente hecha de seda.

trozos de espejos derramados por alguna hada en el solitario camino; a la izquierda de éste veíase la falda de la montaña, entre cuyas peñas nacían helechos ya amarillentos; a la derecha, un prado cubierto de hierba, que exhalaba un olor fresco y saludable, terminado bruscamente por hallarse roto el terreno, formando un acantilado unido a otros de la costa cantábrica, para constituir un murallón enorme, siempre batido por el empuje vigoroso del océano.

La brisa, húmeda y cargada de olores de mar, salía de éste como lento y prolongado suspiro de un monstruo que duerme; las olas estallaban en las peñas con gran estruendo y al retirarse engendraban un sordo murmullo que parecía elevarse hasta el cielo.

El Cantábrico jugueteaba y, sin embargo, al dejar caer la mirada desde lo alto del terraplén, el espíritu caía con ella y se sentía turbado, por el horror, primero, por la admiración después. Las rocas al pie del murallón espiaban los movimientos de las olas; el océano embestía con toda su fuerza; del choque de los dos enemigos saltaban nubes de espuma.

Si la tierra fuera la cabeza de un dios, el mar debía ser su cerebro; esas olas que avanzan cautelosas, oscuras, pérfidas como el alma de la mujer, que se agitan luego y parecen erizarse de llamas, que van jadeantes, se retuercen, se fatigan, se detienen para tomar alientos y vuelan después frenéticas a estrellarse contra las rocas; esos círculos de espuma que giran con rapidez vertiginosa, que cambian de color y se hacen amarillentos, rojos y plateados, serán sólo montones de átomos movidos por el viento y refracciones de cloruro de sodio disuelto en el mar; pero parecen el ir y venir de las pasiones y la florescencia de las ideas en el cerebro de un ser grande.

El mar es como una reflexión del alma del hombre, su flujo es su alegría, su reflujo la tristeza; vencido por la civilización, protesta contra ella en los días de tempestad: grande como es, no tiene misericordia ni para los pequeños ni para los humildes; a todos los aplasta con sus furores...

Sentado en una roca y agarrado a otra con fuerza, contemplaba las evoluciones del monstruo, miraba con los ojos muy abiertos, dichoso al verme libre de mis amargas ideas. El ala de la imbecilidad venía a acariciar dulcemente mi espíritu.

La niebla iba ennegreciéndose, el mar tomaba una brillantez fosforescente por el reflejo de una nube blanquecina que apareció en el cielo. Entonces me pareció que abajo, muy abajo, entre aquellos remolinos turbios, veía una barca con la quilla al descubierto; las olas la lanzaban como un ariete contra las peñas; y al chocar, crujía como si se quejara dulcemente.

De pronto, rasgó el aire un grito, quizá de un ave marina, para mí salido de una garganta humana; un grito largo, desesperado, estridente; aquella nota de dolor se perdió como un átomo de tristeza en la tristeza inmensa de la noche. El mar tomó un color de tinta; el viento murmuró con más fuerza; las olas siguieron mugiendo y mugiendo.

Me interné en el monte, pensando con espanto en las terribles aventuras de un cadáver, juguete del mar. La noche estaba templada; un silencio de reposo absoluto reinaba en la Tierra; la Luna comenzaba a salir entre nubarrones oscuros, que corrían atropelladamente por el cielo, y sus pálidos rayos iban plateando la niebla; el aire húmedo y perfumado por las emanaciones del campo, venía del bosque como si fuera el aliento poderoso de la montaña. En el fondo del valle se adivinaba la aldea envuelta en la bruma; a lo lejos, de la silueta oscura de un caserío, salía un rayo de luz como mirada rojiza de un ojo siniestro, que contemplara parpadeando la noche.

* * *

Cuando al anochecer, en la casa solitaria del pueblo, donde se desliza mi existencia, oigo el crujido de las ramas secas de los árboles y las desvencijadas puertas se estremecen y rechinan como modulando sardónica carcajada,[5] recuerdos de lejanas épocas se agolpan en mi mente; no son de esos que regocijan el corazón y hacen aparecer a los labios alegre sonrisa, sino de los que contristan[6] el ánimo; pero entre todos se destaca en el fondo gris de un día de niebla aquella nota aguda de dolor y vibra en mis oídos como el llamamiento desesperado de un moribundo; vibra, y la veo perderse como un átomo de tristeza en la tristeza inmensa de la noche.

[5] *sardónica carcajada:* risa o sonrisa carente de alegría que sugiere algo de malevolencia. [6] *contristan:* afligen, entristecen.

ELOGIO DE LOS VIEJOS CABALLOS DEL TIOVIVO

A mí dadme los viejos, los viejos caballos del tiovivo.

No, no me entusiasman esas ferias elegantes, con sus cinematógrafos y sus barracas espléndidas y lujosas. No me encantan esos orquestiones[7] grandes como retablos de iglesia, pintados, dorados, charolados. Son exageradamente científicos. Mirad esas columnas salomónicas que se retuercen como lombrices; mirad esas figuras de señoritas de casaca y calzón corto que llevan el compás dando con un martillito en una campana, mientras mueven la cabeza con coquetería; mirad esas bailarinas que dan vueltas graciosas sobre un pie, con una guirnalda entre las manos. Oíd la música, chillona, estrepitosa, complicada de platillos, flautas, bombos, que sale del interior del aparato. Yo no quiero quitarles su mérito, pero...

A mí dadme los viejos, los viejos caballos del tiovivo.

[7] *orquestiones: orquestriones*, especie de piano.

No son mis predilectos esos tiovivos modernistas, movidos a vapor, atestados de espejos, de luces, de arcos voltaicos,[8] que giran arrastrando coches llenos de adornos, elefantes con la trompa erguida, y cerdos blancos y desvergonzados que suben y bajan con un movimiento cínico y burlesco. No les niego el mérito a esas montañas rusas cuyo vagón pasa vertiginosamente, con un estrépito de hierro y una algarabía de chillidos de mujer, pero...

A mí dadme los viejos, los viejos caballos del tiovivo.

Dadme el tiovivo clásico, el tiovivo con que se sueña en la infancia; aquel que veíamos entre la barraca de la mujer-cañón y la de las figuras de cera. Diréis que es sigue el acordeón lanzando sus notas tristes, sus melodías lentas, conocidas y vulgares en el aire silencioso del anochecer.

¡Oh la enorme tristeza de la voz cascada, de la voz mortecina que sale del pulmón de ese plebeyo,[9] de ese poco romántico instrumento!

Es una voz que dice algo monótono, como la misma vida; algo que no es gallardo, ni aristocrático, ni antiguo; algo que no es extraordinario ni grande, sino pequeño y vulgar, como los trabajos y los dolores cotidianos de la existencia.

¡Oh la extraña poesía de las cosas vulgares!

Esa voz humilde que aburre, que cansa, que fastidia al principio, revela poco a poco los secretos que oculta entre sus notas, se clarea, se transparenta y en ella se traslucen las miserias del vivir de los rudos marineros,

[8] *voltaicos:* aquí, por extensión, se refiere a llenos de luz eléctrica. [9] *plebeyo:* poco noble y popular.

de los infelices pescadores; las penalidades de los que luchan en el mar y en la tierra, con la vela y con la máquina; las amarguras de todos los hombres uniformados con el traje azul sufrido y pobre del trabajo.

¡Oh modestos acordeones! ¡Simpáticos acordeones! Vosotros no contáis grandes mentiras poéticas, como la fastuosa guitarra; vosotros no inventáis leyendas pastoriles como la zampoña o la gaita; vosotros no llenáis de humo la cabeza de los hombres, como las estridentes cornetas o los bélicos tambores. Vosotros sois de vuestra época: humildes, sinceros, dulcemente plebeyos, quizá ridículamente plebeyos; pero vosotros decís de la vida lo que quizá la vida es en realidad: una melodía vulgar, monótona, ramplona, ante el horizonte ilimitado...

Azorín

José Martínez Ruiz (1873-1967) nació en Monóvar (Alicante) y popularizó el seudónimo de «Azorín». Su preocupación por España, su interpretación y compenetración con el paisaje de Castilla, su minuciosidad en la observación de los detalles y de las cosas, son los rasgos que le definen como escritor. Aportó al género narrativo una visión muy personal, con la que contribuyó, junto con sus compañeros de la Generación del 98, a crear una literatura rica en experimentaciones narrativas.

La voluntad *(1902),* Las confesiones de un pequeño filósofo *(1904),* Don Juan *(1922) y* La vida sin aurora *(1944) se encuentran entre sus novelas más sobresalientes.*

Azorín.

Retrato al carbón y pastel de Ramón Casas
(Madrid, hacia 1904-1905).
Museu Nacional d´Art de Catalunya.

Castilla

La narración que sigue pertenece a esta obra publicada por Azorín en 1912, que está considerada como la más acabada y perfecta del autor, tanto en el fondo como en la forma. Pertenece a la segunda etapa de su obra en la que crea al personaje autobiográfico Antonio Azorín.

UNA FLAUTA EN LA NOCHE

¡Ah Tiempo ingrato! ¿Qué has hecho?
Diego Laínez, en *Las Mocedades del Cid*, de Guillén de Castro.[1]

1820. Una flauta suena en la noche: suena grácil, ondulante, melancólica. Si penetramos en la vetusta ciudad por la Puerta Vieja, habremos de ascender por una empinada cuesta; en lo hondo está el río; junto al río, en elevado y llano terreno, se ven dos filas de copudos y viejos olmos; de trecho en trecho aparecen unos anchos y alargados sillares, que sirven de asiento. La oscuridad de la noche no nos permite ver sino vagamente las manchas blancas de las piedras. Allá, a la entrada del pueblo, al cabo de la alameda, una viva faja de luz corta el camino. Sale la luz de una casa. Acerquémonos. La casa tiene un ancho zaguán; a un

[1] La frase está tomada del monólogo de Diego Laínez, padre del Cid Campeador, perteneciente a la obra citada. El autor español Guillén de Castro (1569-1631) se inspiró en el *Romancero* para escribir esta obra.

lado hay un viejo telar; a otro, delante de una mesa en que se ve un atril con música, hay un viejecito de pelo blanco y un niño. Este niño tiene ante su boca una flauta. La melodía va saliendo de la flauta larga, triste, fluctuante: la noche está serena y silenciosa. Allá arriba se apretuja el caserío de la vetusta[2] ciudad; hay en ella una fina catedral, con una cisterna de aguas delgadas y límpidas en un patio; callejuelas de regatones, percoceros y guarnicioneros;[3] caserones con sus escudos berroqueños;[4] algún jardín oculto en el interior de un palacio. Los viajeros que llegan —muy pocos viajeros— se hospedan en una posada que se llama de la Estrella. Todas las noches, a las nueve, por la alameda, de cabe[5] al río, pasa corriendo la diligencia; durante un momento, al cruzar frente a la casa iluminada, los sones gráciles de la flauta se ahogan en el estrépito de hierros y tablas del destartalado coche; luego otra vez, la flauta suena, y suena en el silencio profundo, denso, de la noche. Y por el día, este viejo telar marcha y marcha con su son rítmico.

1870. Han pasado cincuenta años. Si queremos penetrar en la vieja ciudad, hagámoslo por la Puerta Vieja. Dejemos la diligencia al entrar en el puente para cruzar el río. La diligencia llega a la ciudad todas las noches a las nueve. Todo está en silencio; allá arriba en el caserío se divisan algunas lucecitas; comenzamos a ascender por la empinada cuesta; hemos dejado abajo las tene-

[2] *vetusta:* antigua. [3] *guarnicioneros:* persona que vende o hace objetos de cuero. [4] *berroqueños:* escudos con piedra de granito. [5] *cabe:* preposición de poco uso que significa *junto a.*

rías[6] —esas tenerías vetustas que encontramos en *La Celestina*—.[7] Ahora caminamos por la alameda de copudos y centenarios olmos. Apenas si en la oscuridad se destacan las manchas blancas de los asientos de piedra. Una viva franja de luz irrumpe sobre el camino. ¿Saldrá de aquella casa esta melodía de una flauta que escuchamos; esta melodía larga, melancólica, que parece un hilito de cristal que por momentos va a romperse? En el zaguán de esa casa hay un viejo y dos niños; uno de los niños va tocando la flauta; el otro le contempla silencioso, absorto, con sus ojos azules, anchos y redondos. El viejo, de cuando en cuando hace una advertencia al niño que toca. Hace mucho, mucho tiempo, este viejo era un niño; aquí mismo, por las noches, hacía salir de la flauta esta misma melodía que ahora toca otro niño. La diligencia pasaba con una baraúnda[8] atronadora de hierros y tablas; durante un instante dejaba de oírse el son delicado de la flauta; luego volvía otra vez a resonar en la noche. Dormían allá arriba los viejos caserones; dormían los olmos del paseo; dormían el río y las campiñas. Ahora, cuando al cabo de una hora estos sones de la flauta cesan, este niño que está silencioso y absorto, se marcha hacia la ciudad, y allá en un viejo caserón que hay en la plaza, se pone a leer en unos libros de renglones cortos hasta que el sueño le rinde. Poca gente viene a este pueblo; si llegáis hasta él, os aposentaréis en la posada de la Estrella. No hay otra; está en la calle de Narváez, antes del Peso de la Harina,

[6] *tenerías:* taller donde se curten y trabajan las pieles. [7] *La Celestina:* obra del autor español Fernando de Rojas (¿?-1541). [8] *baraúnda o barahúnda:* ruido y confusión grande.

cerca del almudín,[9] conforme se sale al campo por el camino del cortinal[10] de D. Ángel.

(¿Cuántos años han transcurrido? Los que plazca al lector. En Madrid hay ahora en un cuartito, allá en lo alto de una casa, un hombre que tiene una barba blanca y los mismos ojos anchos y azules de aquel niño que en la vetusta ciudad contemplaba extasiado, absorto por las noches, cómo otro niño tocaba en una flauta largas y melancólicas melodías. Este hombre lleva un traje modesto, ajado;[11] sus botas están deslustradas. Hay en la casa una mesa llena de libros; en una grande estantería yacen también los libros. Muchos de estos libros van desapareciendo poco a poco, dejando en los plúteos[12] anchos claros. En la pared, colgadas, se ven dos hermosas fotografías; una, la de una dama de bellos y pensativos ojos, con unos rizos sedosos, tenues, sobre la frente; otra, la de una niña, tan pensativa y bonita como la anterior dama. Pero en la casa no se oyen voces femeninas. Este hombre de la barba blanca a veces escribe durante largos ratos en unas cuartillas; luego sale, marcha por las calles, entra en unas casas y en otras llevando sus papelitos; habla con unos y con otros. A veces, estos mismos papeles que él ha escrito tornan con él a casa, y él los va poniendo en un cajón, donde yacen otros, llenos de polvo, olvidados.)

1900. La diligencia que subía todas las noches a la vieja ciudad por la cuesta del río, allá por donde están las

[9] *almudín o almudí:* local público para la venta, compra y depósito de cereales y otros comestibles. [10] *cortinal:* pedazo de tierra cercado, inmediato a pueblo o casas de campo que se siembra todos los años. [11] *ajado:* estropeado, deslucido. [12] *plúteos:* cada cajón de un estante de libros.

tenerías, a lo largo de la alameda, ya hace años que ha dejado de correr. Ahora han hecho una estación; el tren se detiene ante la ciudad, también por la noche, pero lejos de la alameda y del puente viejo, al otro lado de la población. Pocos viajeros son los que llegan diariamente; esta noche ha llegado uno: es un viejo con la barba blanca y los ojos azules. Ha bajado del tren envuelto en un pobre gabán y con una maleta de cartón en la mano. Cuando ha salido de la estación y ha llegado ante el ómnibus[13] destartalado, ya el tren se alejaba en la noche oscura, por la campiña adelante. El ómnibus lleva a los viajeros al hotel de la Estrella. Es el mejor de la ciudad; su antigüedad es su más segura garantía. Lo han mejorado mucho: antes estaba en la calle de Narváez, pero lo trasladaron a un gran caserón de la plaza. El viajero de la barba blanca ha subido en el carricoche y se ha dejado llevar. No sabía por dónde le llevaban. Cuando ha parado el coche en la plaza, frente al hotel, ha visto que esta casa es la misma en que él vivió hace muchos, muchos años, siendo muchacho. Luego le han designado una habitación: es el mismo cuartito en que él leía tanto en sus años de adolescente. Al verse entre estos muros, el hombre de la barba blanca se ha sentado en una silla y se ha puesto la mano —bien apretada— sobre el pecho. Necesitaba respirar aire libre: ha salido de la fonda y ha comenzado a recorrer las callejas. Andando, andando, ha llegado hasta la vieja alameda. La noche estaba serena, silenciosa; en el silencio profundo de la noche, sonaba una flauta. Sus sones se percibían como un hilito de cristal; era

[13] *ómnibus:* autobús.

una melodía antigua, larga y melancólica. Un haz de luz salía de una casa; se ha acordado nuestro viajero y ha visto en el zaguán un viejo y un niño; el niño tocaba en la flauta la larga melodía. Entonces el hombre de la barba blanca se ha sentado en una de las piedras del paseo y ha tornado a ponerse sobre su pecho la mano, bien apretada.

Sintiendo a España

En 1936, a causa de la guerra civil española, Azorín se trasladó a París donde vivirá tres años. Allí escribió, entre otras obras, Sintiendo a España, *que publicará en 1942. Dice en el prólogo, que escribe como quien bebe un vaso de agua y que su prosa es clara y limpia como el agua que mana de una fuente.*

EL CURA DE MAQUEDA

Maqueda es lugar corto de la provincia de Toledo. No pasará su población de 600 habitantes. Se halla entre Escalona y Torrijos.[14] Escalona fue de don Álvaro de Luna[15] y en Torrijos elevó una bella iglesia doña Teresa Enríquez, dama de Isabel la Católica. La tierra toledana es noble y severa. Tierra de olivares y sembrados. Las gentes hablan castellano sonoro y castizo. Solía decir la gran reina citada que se sentía necia en Toledo. La agudeza de los toledanos es tal, que entre los agudos de Toledo el más perspicaz es lerdo. He estado en casa del cura de Maqueda hace cuarenta años. No sé ahora, al cabo de tanto tiempo, si estuve o no estuve. No sé ahora, tampoco, si en estos momentos, aquí en París, me encuentro en Lutecia[16] o en el pueblecito toledano. Y oigo en este punto una voz que me dice:

[14] *Escalona y Torrijos:* pueblos de la provincia de Toledo. [15] *Álvaro de Luna:* aristócrata castellano de raíces aragonesas ejecutado en el año 1453, una de las personalidades más importantes en el confuso panorama de la Historia peninsular del siglo XV. [16] *Lutecia:* nombre latino de París.

—¿Y por qué no lo ha de estar usted? Acaba usted de decir que como han transcurrido años desde su venida a Maqueda y como entre las dos fechas se han interpuesto tantas cosas, tantos dolores, aflicciones tantas, duda usted de la realidad de la vida. Y si no está usted cierto de tal hecho, ¿cómo puede usted asegurar que en estos momentos no se encuentra usted de nuevo en Maqueda? ¿No me está usted viendo a mí? ¿Y es que usted cree que yo no tengo también mi problema angustioso de tiempo? Vivo en el siglo XX y no vivo en tal centuria. El siglo en que vivo es el XVI. Y usted es un viajero que desde lejanas tierras llega a mi puerta. Fíjese usted en mí y tranquilícese. Llevo una sotana raída y un balandrán astroso.[17] Soy pobre. Pero mi casa es acogedora. No vacile usted y entre. No le quiero decir a usted que mis brazos le estrecharán como estrechan a los menesterosos. De los menesterosos no quiero hablar. Las caridades han de silenciarse. Soy pobre y si puedo socorrer a tal y cual cuitado, le socorro. No se lo diga usted a nadie. En esta tierra, como en todas las tierras, hay muchos desventurados. La felicidad no es de este mundo. Pero ¿qué hace usted inmóvil y absorto en el umbral? ¡Vamos, valor, decisión! Vénzase usted a sí mismo. Despierte usted a la realidad.

Y como un alucinado traspongo el umbral y penetro en la casa del cura. El cura de Maqueda es un hombre alto, apuesto, de atezadas[18] facciones y ojos endrinos.[19] Bajo apariencia de brusquedad, hay en todos sus ademanes cordial señorío. La casa es limpia y modesta. A la

[17] *balandrán astroso:* vestido talar ancho y con esclavina, desaseado y roto.
[18] *atezadas:* de piel morena. [19] *endrinos:* de color negro.

derecha del zaguán[20] se abre una puerta que franquea el aposento donde el cura medita y ora. A la izquierda, otra puerta de paso a la cocina.

—¿No se encuentra usted bien aquí? No olvide usted que ha hecho un largo viaje. Llega usted de remotas tierras y ha remontado usted en el tiempo. El viaje ha sido realizado en el tiempo y en el espacio. Le iré guiando. Nos hallamos en el zaguán de mi pobre vivienda y ahora pasamos a la salita donde me recojo sobre mí mismo. Verá usted después que detrás de la casa se extiende una huertecilla con un cigüeñal[21] para su riego. Ese artefacto milenario lo muevo yo mismo en mis ratos de labrador. Siéntese usted. En este sillón de caoba y baqueta[22] estuvo sentado, hace algunos siglos otro cura de Maqueda. Aquel cura, el cura que se pinta en el *Lazarillo de Tormes*,[23] soy yo mismo. Espláyese usted conmigo y ábrame su corazón. El mayor consuelo humano es el comunicar las cuitas[24] con quien está dispuesto a remediarlas. Y esa, la de consolar, es la misión, en cuanto a lo terreno, de quienes vestimos sagradas ropas talares.[25] Viene usted, sin duda, de lueñes[26] países. Pero ¿de dónde? ¿Y cuál es el estado de su espíritu? La aflicción la leo en su semblante y en sus maneras. Muchas veces ya en la vida, en mi pobre vida, me he inclinado hacia el enfermo en su lecho y muchas veces he estrechado la mano del apretado por algún trance moral angustioso.

[20] *zaguán:* puerta cubierta a la entrada de una casa. [21] *cigüeñal:* pértiga que se utilizaba para sacar agua de los pozos. [22] *baqueta:* moldura redonda hecha con un junquillo. [23] *Lazarillo de Tormes:* obra anónima del siglo XVI que introduce la novela picaresca. [24] *cuitas:* penas. [25] *talares:* ropas de los eclesiásticos. [26] *lueñes:* distante, lejos, apartado.

Tengo cierta clarividencia del dolor. No extrañe usted que me exprese de este modo. En tierras toledanas, la dicción pura es corriente. Y además, a ratos, en los ratos que me dejan libres la cura de almas y las faenas de la labranza, repaso los clásicos. Leo a Santa Teresa, San Juan de la Cruz, Malón de Chaide, Rivadeneyra, fray Luis de León, nacido este no lejos de aquí, en Belmonte, provincia de Cuenca. Sobre todo me extasía la lectura de fray Luis de Granada, tan flexible y dulce, tan compresivo de todas las aflicciones humanas. Y dejo para lo último al gran Cervantes.[27]

En el despacho del cura de Maqueda estoy sentado frente al buen sacerdote. Y no sé si este cura es del siglo XX o del siglo XVI. No sé si es cura de hoy o el cura del *Lazarillo de Tormes.*

—¿No cree usted que soy el mismo cura que pintó el autor anónimo de la famosa novela? Estoy leyendo en sus pensamientos. En este instante se encuentra usted como soñando. No lo dude usted: soy de ahora y soy de antes. Soy el eterno clérigo rural español que, con parquísimas[28] temporalidades, ha de tener mesa franca para el viandante que llame a su puerta. ¡Dios mío, cuánto dolor hay en el mundo, querido amigo! Permítame usted que le dé este nombre. Estamos próximos a La Mancha. Parte de la provincia de Toledo es también Mancha. Y en La Mancha, cuando un labriego cruza en su camino con un caminante, le saluda de esta manera: «¡Vaya usted con Dios, amigo!». Tal costumbre

[27] Relación de escritores españoles de los siglos XVI y XVII. [28] *parquísimas:* muy cortas o escasas.

hace resaltar la nobleza innata del manchego. Sólo de la tierra manchega podía salir el más cabal caballero que han visto los siglos. Pero veo que desvarío, y ruego a usted que me perdone. He dado ya las órdenes y dentro de un instante le van a traer a usted una ligera refacción. La está cocinando la buena y anciana mujer que me asiste en la vida vernácula.[29] No extrañe usted que, siendo yo el cura del *Lazarillo,* haya mantenimientos en mi casa. La abundancia no es grande; pero no falta con qué hacer, en un periquete, un yantar. ¿Quiere usted que le haga una confidencia? Creo que al autor del *Lazarillo,* fuere quien fuere, se le ha ido la mano al pintarme. Lázaro ha sido mi criado. Lázaro ha vivido bajo mi techo. Lázaro no es avieso. Pero Lázaro, o su pintor el novelista, se ha dejado arrastrar por la fantasía. Sabe usted que el autor del *Lazarillo,* me describe cual clérigo sórdido[30] y tacaño. En mi casa no hay más vituallas[31] que una horca de cebollas colgada en una cámara en lo alto de la casa, y un arcaz[32] en que se encierran las obladas[33] de los fieles. Y yo hago pasar hambre a mi criado. No quiero murmurar. Pero la verdad es que Lázaro, aun teniendo buen natural, era un tragantón.[34] Y yo me creía en el deber, estando mi casa razonablemente abastecida, de irle a la mano en sus laminerías.[35] Y en desquite a esa sobriedad sana que yo le imponía, ha ido, sin duda, esparciendo esas especies mendaces.[36] Y ha habido un escritor que ha prestado fe a sus embustes. No

[29] *vernácula:* propia del lugar. [30] *sórdido:* sucio, impuro, desagradable. [31] *vituallas:* conjunto de cosas relacionadas con la comida. [32] *arcaz:* arca. [33] *obladas:* ofrendas que se hacen por los difuntos. [34] *tragantón:* comilón. [35] *lamineras:* golosas. [36] *mendaces:* mentirosos.

quiero creer que la novela sea de mano de un gran señor, como don Diego Hurtado de Mendoza.[37] Quien tan brillantemente se condujo en el concilio de Trento,[38] había de repugnar la detracción de un clérigo. Bien, es verdad que dicen que el tal juguete literario es obra de los años mozos. La pobreza no baldona.[39] Dice el refrán que *ni madre vieja ni camisa rota son deshonra*. La pobreza, si es digna, enaltece. Adivino en usted a un hombre delicado y sensitivo. Y un hombre de esa guisa no ha de ser menospreciador de la pobreza. Ahora voy a contarle a usted una de las pocas cosas extraordinarias de mi vida. Guarda relación con el tema de la indigencia[40] noble de que le estoy hablando. Hace años llegó a mi puerta un clérigo viajero. Su aspecto era nobilísimo. Pero contrastaba su pergeño[41] con los clérigos españoles. Traía larga y blanca barba. Y su tez era marfileña. Azules tenía los ojos. Venía del Líbano y era sacerdote maronita.[42] Católico ortodoxo, practicaba el rito oriental. Sabe usted que los ritos orientales son varios: el asirio, el bizantino, el copto o alejandrino, el armenio. Los practican ciento cincuenta millones de católicos y tienen un encanto profundo. Los apóstoles se esparcieron por el mundo y en la lengua de cada país donde predicaban crearon el rito. Grandes padres de la Iglesia, como San Basilio, como San Juan Crisóstomo, han ilustrado esos ritos. El sacerdote maronita de que hablo tenía un

[37] *Diego Hurtado de Mendoza:* escritor y político español (1503-1575) en quien probablemente se inspiró Montaigne para escribir sus ensayos. [38] *Trento:* ciudad italiana donde se celebró un concilio de la Iglesia Católica. [39] *baldona:* injuria. [40] *indigencia:* pobreza. [41] *pergeño:* apariencia de una persona o cosa. [42] *maronita:* de origen siriolibanés.

carácter dulce y una palabra persuasiva. Estaba escribiendo un libro sobre la misa en los ritos orientales y se encaminaba a Toledo. Cuando se habla en el extranjero de los ritos de Oriente se los enumera todos, pero se comete un olvido. Nadie se acuerda de la misa mozárabe que se celebra en la mozárabe capilla de la catedral de Toledo. Y ese clérigo oriental iba a Toledo a estudiar el rito mozárabe. Le hospedé en mi casa. Guardaré siempre un recuerdo vivaz de aquellos días. Expresándose en un castellano arcaico, sus palabras tenían apacibilidad inefable. Al despedirse de mí me regaló, como recuerdo, un libro. Y ese libro lo tengo yo constantemente a la cabecera de mi cama. No pasa noche sin que después de las oraciones habituales lea dos o tres páginas en ese volumen. Una de las cosas que más me atraen en él es lo que dice de la pobreza. Voy a buscarlo..., aquí lo tiene usted. Se titula *Les Proverbes de Salomon traduits en français avec une explication.*[43] Está impreso en París, en 1689. Hablo de la quinta edición a que pertenece este ejemplar. Sin duda, a su paso por París, lo compró el sacerdote en alguno de los tabancos[44] del Sena. ¡Qué maravillosos los proverbios de Salomón! ¡No pasarán jamás, como jamás pasará la poesía de David! ¡Y qué dos grandes figuras las de estos dos hombres excelsos!

Entra en el aposento la cincuentona ama del cura. Trae una fuente con huevos fritos y torreznos. Dicen los cervantistas que este plato es lo que se llamaba duelos y

[43] *Les Proverbes de Salomon traduits en français avec une explication:* «Los Proverbios de Salomón traducidos en francés con una explicación». [44] *tabancos:* puesto de la calle en el que se venden comestibles.

quebrantos.[45] Sentado a la mesa, sobre la que se ha extendido rugoso y blanco mantel de lino, voy comiendo lentamente. El cura de Maqueda ha abierto los comentarios a los proverbios y lee en voz alta:

—He abierto el libro al azar. Y vea usted lo que se dice de la pobreza: Las riquezas del rico son su fortaleza; la indigencia del pobre le mantiene en el temor. *Substancia divitis urbs fortitudinis ejus: pavor pauperum egestas eorum*. La pobreza no es lo más acongojador. Lo que más acongoja es el temor que la pobreza pone en el indigente. Vea usted esas miradas de recelo, esos gestos tímidos, esa actitud toda de la persona que revela recogimiento, ese considerar y temer peligros en todas partes y en todos los momentos. Ha sorteado el pobre una dificultad y otra asoma ya en el horizonte. Lo que es fácil para el rico es arduo para el pobre. Las puertas se abren para el rico y las puertas se cierran para el pobre. *Pavor pauperum egestas eorum,* clama Salomón. *El dinero llama al dinero,* dice el refrán castellano. El dinero acude al rico feliz, que no lo necesita, puesto que tiene bastante, y no al pobre que podría remediar con él sus estrecheces. ¿Quién tenderá su mano al pobre? ¿Dónde hallará el pobre amparo?

Y el cura de Maqueda, al decir esto, tenía una expresión tal de bondad infinita, que le trasfiguraba y hacía que su persona estuviera como circuida de una vívida[46] luz divina.

[45] *duelos y quebrantos:* referencia a la comida que realizaba los sábados don Quijote tal como lo narra Cervantes en el primer capítulo de su inmortal obra. [46] *vívida:* intensa.

Gabriel Miró

Gabriel Miró (1879-1930) se distingue, como escritor, por la sensibilidad y por la belleza poética de su prosa, y constituye un eslabón entre el Modernismo y la generación novecentista. Resulta excepcional su capacidad para captar sensaciones y su dominio del lenguaje que le permite trasladar a sus escritos toda la emoción y belleza que siente. Novelas como Las cerezas del cementerio *(1910),* Nuestro Padre San Daniel *(1921) y* El obispo leproso *(1926), al igual que toda su obra, tienen una fijación con los hombres y paisajes de su Orihuela natal.*

Gabriel Miró
(hacia 1926).

El ángel, el molino, el caracol del faro

En 1921 publicaría Miró El ángel, el molino, el caracol del faro *un libro de estampas en las que se manifiesta su análisis minucioso de los sentimientos y sensaciones, y, sobre todo, su continuado esfuerzo para encontrar las palabras que den forma poética y precisa, a su manera de entender las relaciones del hombre con el mundo.*

EL ÁGUILA Y EL PASTOR

Un águila seguía siempre al rebaño. Su grito resonaba en todo el ámbito azul del día; las ovejas se paraban mirándola; a veces volaba tan terrera[1] que se sentía el ruido de sus plumas y de su pico, y toda su sombra pasaba por los vellones[2] de las reses.

Tendíase el pastor encima de la grama; y se apretaba el ganado contra el peñascal del resistero.[3] Todo el hondo era de sol: labranza roja, árboles tiernos, huertas cerradas, caseríos como escombros, caminos hundidos en el horizonte de humo...

El pastor pensó: «Veo más mundo del que podré caminar en mi vida, y él no me ve; si ahora viniese el hijo del amo, y yo lo despeñara, nadie lo sabría, estando delante de tanta tierra».

Se revolvía muy contento, hundiendo la nuca en el herbazal; pero le roía en la frente una inquietud como

[1] *terrera:* pegada a la tierra. [2] *vellones:* la lana de la res que se va a esquilar. [3] *resistero:* sitio donde se junta el ganado buscando el calor del sol.

de párpado que quiere abrirse, y alzaba los ojos. Agarrada a las esquinas de un tajo,[4] doblándose toda, le miraba el águila. El pastor botaba, y maldecía, y apuñazaba[5] el aire como un poseído. Crujía su honda, y zumbaba su cayado. Y el águila se iba elevando.

Cuando se acostaba en la besana[6] la sombra del monte, el pastor recogía su rebujal;[7] el mastín sendereaba a los recentales[8] y acudía por las ovejas zagueras.[9] Arriba, despacio y recta volaba el águila, vigilándoles su camino.

Toda la soledad estaba para el hombre llena del furor de los ojos del ave flaca y rubia; se sentía adivinado en sus pensamientos. ¿No hubo palomas enamoradas de hombres y corderos apasionados de mujeres? Pues el pastor y el águila se aborrecían. «¿Desde dónde estará mirándome ahora?», se preguntaba de noche el pastor. Y escondió armadijos[10] cerca de la majada, y les puso cebo de carroña, de tasajo[11] y hasta el pan de su comida.

Despertábale un temblor de huesos, de aletazos, de gañiles.[12] En los cepos se retorcían raposas, grajas, perros, búhos...; y el pastor los aplastaba con sus esparteñas[13] y con sus manos. No eran ellos los aborrecidos, y porque no eran los aborrecía y los chafaba. Y una mañana su risa y su voz rodaron triunfalmente por el valle. El águila aleteaba, desgraciada y magnífica, sangrándole las garras

[4] *tajo:* barranca alta cortada casi a plomo. [5] *apuñazaba:* golpeaba con los puños. [6] *besana:* tierra arada en surcos. [7] *rebujal:* rebaño. [8] *recental:* cordero que todavía se alimenta de la leche de su madre. [9] *zagueras:* que se separaban o quedaban atrás. [10] *armadijos:* trampas, cepos para cazar animales. [11] *tasajo:* pedazo de carne curada al sol. [12] *gañiles:* estertores; respiración angustiosa, con sonido silbante, propia de los moribundos. [13] *esparteñas:* alpargatas de esparto.

entre los muelles de presas. Recostose el pastor a su lado y estuvo aguardando todo el sol para regodearse mirándola; quiso verse dentro de sus ojos inmóviles de brasas redondas, y en esas lumbres se estremecía una frialdad de bravura y de señorío indomable. Se los hubiera reventado, mordiéndolos como un fruto, lo mismo que ella a él, si el pastor hubiese muerto en el desamparo del monte. Pero, cegándola, ya no sabría que él la miraba. La miraba implacablemente. El águila entreabrió el pico convulso; se le doblaban las alas como unos hombros desventurados con su manto de hermosura a cuestas como una cruz. Vino el mastín; la rodeó latiéndole y humeándole las fauces. La cabeza del águila se erguía, toda tallada, sobre el azul, como la proa de una nave sobre el horizonte, y en sus ojos encendidos se reflejaba el perro, el pastor y un círculo gozoso de la mañana campesina.

«¿Cómo la mataré?», pensaba el pastor. ¿Cómo la mataría para que durase mucho muriendo? Entonces el mastín y el amo se miraron culpablemente; y el perro embistió. No pudo llegar a la cautiva, y le brincó la lengua en la tierra como un sacre[14] herido, y le crujieron las quijadas. «¡No te atreves con ella!» —le dijo sin voz la risa gorda del amo—. Era verdad: no se atrevía. En torno del águila bramaba el aire con el ímpetu de su aliento, de sus plumas erizadas, de su rencor trágico. Y al pastor se le hinchaban de rabia las venas de su frontal, porque tampoco él osaba agarrarla ni acometerla. Levantose de súbito, y se fue a su rancho. Dejó al mastín guardando el águila. No podía escaparse, pero es que no quería que

[14] *sacre:* ave rapaz.

descansara viéndose sola ni un instante. Un instante tardó en volver; trajo un bozal[15] viejo.

Acudió gente: un labrador, una vieja del caserío, un arriero que pasaba, un chico que iba a la escuela rural. Y le preguntaron:

—¿Es ésta el águila que te seguía siempre como tu alma?

El chico quería que se la diesen para holgarse en la lección. La vieja le pidió una pluma remera, y una uña, y el entresijo, para hacer remedios de aojamiento[16] y enfermedades. Todos rodearon al águila y le pusieron el bozal de perro trenzándole las ataderas de alambre. Después la arrancaron del cepo como si ya fuese una oca. Le colgaba un dedo, y el pastor se lo quebró del todo, tirándoselo al mastín, que lo cogió de un brinco y enseguida lo soltó y le huía como si le diese la sensación de toda el ave. Se la llegaba el pastor a los ojos. Dentro de la reja del bozal, la cabeza del águila tenía un infortunio pavoroso, y su mirada ardía tan humanamente, que el pastor se la apartó, porque, estando tan cerca, le angustiaba el bozal, como si fuese él quien lo llevara clavado en su carne y en su sangre.

Todos la cogían, pasándola de brazo en brazo; la tentaban la pechuga, soplándole al plumón para verle los piojos en la piel desnuda; le apretaban el pico, quitándole el resuello; sentían el palpitar de sus párpados; le rascaban las conchas y el callo de sus garfas.[17] Removiose

[15] *bozal:* aparato que se les pone en la boca a los animales para impedir que muerdan. [16] *aojamiento:* mal de ojo. [17] *garfas:* uñas corvas que forman las garras de algunos animales.

todo el animal en una sacudida delirante; tronó un aletazo duro y brincó entre el sol.

Y la gente decía:

—Se morirá como un perro, un perro en el cielo y en las cumbres.

—Se morirá de reconcomio como una persona y cuando era feliz.

Y la miraban, riéndose. El águila iba entrándose en el azul, gloriosa y libre, con el bozal de perro.

Guía de lectura

ACTIVIDAD 1

(1) En el cuento de *Nené,* José Martí cuenta una historia infantil: Nené es una niña pequeña; su padre la cuida con mucho cariño, en especial desde que murió su madre. La historia del cuento es un episodio de la vida cotidiana en la casa de Nené.

El cuento está lleno de sensibilidad y de rasgos de humor. Pero lo más importante del cuento, lo que le da su valor literario es la técnica narrativa.

Observa que hay un narrador en tercera persona, pero, en ocasiones, parece que los personajes son los que hablan. Para conseguir esto último, el autor utiliza dos técnicas distintas: el estilo directo y el estilo indirecto libre. En la primera, el narrador utiliza un verbo como 'decir' y después coloca las palabras textuales de los personajes entrecomilladas. Observa el ejemplo: «...le preguntó Nené: «¿por qué ponen las casas de los muertos tan tristes?...».

En la segunda, es el mismo narrador quien parece hablar como si lo hiciera el personaje. Observa el siguiente ejemplo:

«...por cierto que los dulces nunca salen bien de la primera vez: ¡son unos dulces tan difíciles!».

Nuestra propuesta de actividad es que ahora seas tú quien busque otros ejemplos de estilo directo y de estilo indirecto libre.

(2) El cuento de *Los zapaticos de rosa* también está centrado en el mundo infantil, pero desde la perspectiva de la pobreza y la fraternidad humana.

- Señala las acciones en las que se refleja la fraternidad entre los distintos personajes del cuento.
- La estructura externa del cuento está en verso. Este tipo de innovaciones en las técnicas narrativas son características del Modernismo.

• Analiza la métrica del poema y explica los tipos de rima y la distribución métrica de la misma. Puede servirte de ayuda saber que las estrofas que componen el cuento son de cuatro versos.

• Indica el nombre de la estrofa que ha utilizado José Martí.

ACTIVIDAD 2

(1) Felipe Trigo fue un autor de bastante fama en el final del siglo XIX y principios del XX. En el primer cuento, acude a un tema que fue muy utilizado en el Modernismo: el erotismo, aunque tratado con mucha delicadeza muy distinta a la que se acostumbra en la literatura moderna.

Como puedes apreciar el autor juega con la descripción de la belleza femenina, muy próxima a la del romanticismo, y la imaginación del lector, para crear una atmósfera de gran sensualidad.

Busca los elementos, las imágenes sensoriales que mejor evocan la belleza de la mujer.

Analiza los recursos literarios que el autor utiliza para crear el ambiente de sensualidad que hay en el cuento. Para ayudarte te indicaremos algunos fragmentos en los que aparece claramente:

Texto	**Explicación del recurso**
Pasos menuditos.	*El autor utiliza una adjetivación dirigida a los sentidos.*
Sentí su dulce y picado taconeo	
Un roce indefinible me hizo adivinar su vestido y su enagua cayendo a sus pies.	
Habría jurado que la estaba viendo.	
He aquí una cosa que no veía bien: cómo tendría los senos una joven inglesita; ¿anchos, semiesféricos...?	

Completa con otros ejemplos el cuadro y explica los recursos.

(2) El siguiente cuento de Felipe Trigo es un juguete cómico en el que nos presenta cómo eran las relaciones entre chicos y chicas a principios del siglo XX. Lee atentamente el cuento y escribe un relato similar en el que los personajes sean unos alumnos de un colegio o instituto como el tuyo.

(3) Aunque Felipe Trigo es un autor que escribe en el periodo modernista y tiene elementos similares a los de estos autores, es difícil encuadrarle dentro del Modernismo, porque muchas de sus obras están también cercanas al realismo-naturalismo.

En el cuento de *La Toga,* nos presenta el ambiente de niños abocados a la delincuencia por falta de medios económicos y también por falta de una educación que les permita desarrollarse como personas integradas en la sociedad.

Busca los problemas que tienen estos jóvenes, piensa si alguno de ellos sigue produciéndose actualmente y propón las soluciones que tú consideres que podrían mejorar la situación.

ACTIVIDAD 3

(1) Miguel de Unamuno presenta en *El Desquite* el mundo de los niños. Como en el cuento anterior son niños de la calle, pero la visión es menos sombría que en *La Toga;* tampoco hay crítica social. Sin embargo, el autor persigue una finalidad didáctica.

Lee atentamente el cuento y comenta críticamente la conclusión a la que ha llegado Unamuno.

(2) *El Semejante* narra una historia llena de sensibilidad, en la que se mezclan los más nobles sentimientos humanos de solidaridad frente a un mundo que se ríe de las personas más débiles.

Es curioso comprobar cómo Unamuno contrapone la bondad de los dos personajes de cuento y la solidaridad que se crea entre ellos, con la crueldad de aquellas personas de las que se podía esperar una respuesta más humana.

Analiza los valores humanos que mejor reflejan la solidaridad entre Celestino y Pepe.

(3) La estructura de *El Abejorro* es distinta de la de los anteriores: se ha sustituido al narrador en tercera persona, por un diálogo entre dos hombres. De esta forma consigue mayor realismo, porque es el lector el que está viviendo la escena personalmente y no a través de los ojos del narrador.

Escoge una parte del texto e intenta transformarla en una narración en tercera persona utilizando el estilo directo, cuando quieras narrar lo que dicen los personajes.

(4) En el cuento *Y va de Cuento* hay un anacoluto[1] con finalidad estilística, búscalo y comenta por qué Unamuno termina la idea de ese párrafo bruscamente diciendo: «*En cuanto a esto, han dicho poetas líricos de todos los tiempos y países, que nos queda muy poco por decir*».

ACTIVIDAD 4

(1) La estructura del cuento de *Juan Quinto* es muy interesante; Valle-Inclán ha inventado un narrador, que a su vez remite a otra narradora, Micaela la Galana que es quien propiamente narra la escena. Además introduce la voz de los personajes en estilo directo.

Otro rasgo importante en este cuento es el humor que consigue contraponiendo la personalidad colérica y violenta de Juan Quinto, con la socarronería y tranquilidad del clérigo.

Busca los diálogos donde mejor se percibe el humor.

Juan Quinto	**Clérigo**
¡Señor abad, rece el Yo Pecador!	Rézalo tú, que más falta te hace.

(2) En el cuento titulado *El miedo*, podemos analizar cómo crear la estructura de un cuento. Valle ha organizado el relato en secuencias argumentales.

Observa cómo hay una secuencia inicial en la que se nos presenta a los personajes de la historia en una situación placentera. En un momento de la acción surge un hecho que va a cortar esta situación:

[1] *Anacoluto.* Es una falta de coherencia en la construcción oracional. Es frecuente en la lengua oral, pero no admisible en la construcción escrita, salvo que tenga un valor estilístico.

«...Habíame adormecido, y de pronto me sobresaltaron los gritos de mis hermanas...». Los personajes del relato tratarán de solucionar el problema para alcanzar una nueva situación placentera. Esto provoca una nueva secuencia argumental. En *El miedo,* la acción del héroe se desencadena coincidiendo con la llegada del Prior de Brandeso, que va a ayudar al héroe en la solución del problema.

La acción de los personajes puede desembocar en una nueva secuencia argumental o en una situación terminal. En este cuento, se llega a la situación terminal con la resolución del problema.

Generalmente, la situación terminal suele ser mejor que la situación inicial, porque los personajes suelen tener un reconocimiento por su acción. En el relato de Valle-Inclán, el Granadero del Rey nos comentará que después de ese día «he sabido sonreír a la muerte como a una mujer».

(3) El cuento titulado *El misterio* es muy interesante para que podamos analizar los recursos que utiliza el autor para crear una atmósfera de tensión, misterio e incluso miedo.

Los principales recurso que utiliza son:

- La descripción de personajes misteriosos: Doña Soledad.
- La sensación de temor que nos refleja el personaje narrador de la historia: «Yo jamás sentí tan vivo el terror de Doña Soledad. Me pasó una mano por la cara y me dijo: ¡Cómo te le pareces!...».
- La utilización de la catáfora para anticipar la acción principal, creando un aumento de la tensión argumental: En la frase anterior, «¡Cómo te le pareces!», el pronombre *le* anticipa al padre del narrador que va a ser el personaje que desencadena el misterio del cuento.

(4) Utiliza lo que has aprendido en las dos actividades anteriores y haz tú un análisis del cuento de Milón de la Arnoya, tanto de la estructura como de los elementos que utiliza el autor para producir la tensión en la acción del cuento.

ACTIVIDAD 5

(1) El primer cuento de Rubén Darío es muy interesante para reconocer algunos de los elementos característicos de los temas modernistas:

- El sentimiento de insatisfacción ante la realidad que les ha tocado vivir.
- Relacionado con el tema anterior está la huida a un mundo exótico.
- El tema de la mitología.
- La sensualidad.

Como actividad para este primer cuento te proponemos que busques las secuencias del cuento donde más claramente se ven estos temas.

(2) En el cuento de *La extraña muerte de Fray Pedro* vamos a analizar la técnica narrativa que utiliza el autor.

Nos interesa que se vea cómo Rubén Darío va graduando la tensión narrativa para conseguir un clima de cierto terror en el cuento.

En la primera secuencia presenta a dos narradores: esta técnica en la que aparecen dos narradores en diálogo ha sido muy eficaz; la han utilizado otros escritores como D. Juan Manuel en *El Conde Lucanor,* Cervantes, en *D. Quijote* o Bécquer en la leyenda titulada *El miserere.* Este recurso le permite al autor crear un juego de perspectivas que dan realismo y verosimilitud al relato.

Sin embargo Rubén Darío sólo va a utilizar los dos narradores para introducir el argumento, porque muy pronto desaparecen los dos narradores, que se confunden en un solo narrador que nos va a contar la historia de Fray Pedro.

En la primera escena el narrador nos describe la personalidad de Fray Pedro y nos apunta el motivo de una desdicha que no conocemos.

Rubén Darío va a graduar el desarrollo de la acción en cada secuencia, para crear una tensión en el lector.

En las secuencias segunda y tercera se va viendo la transformación del protagonista y cómo la tentación le va llevando por un camino equivocado y le va conduciendo a un desenlace fatal, que sucede en la escena cuarta y quinta.

Explica cómo avanza la narración en estas dos escenas finales.

ACTIVIDAD 6

(1) El cuento de *Sancha,* escrito por V. Blasco Ibáñez, tiene una estructura muy sencilla. Sigue las pautas de las actividades anteriores y

describe las secuencias argumentales y después haz un resumen del argumento del cuento.

(2) El cuento titulado *Un beso* es muy interesante para que analicemos las técnicas de observación que utiliza el escritor:

Una vez presentada la escena, el narrador se sitúa en ella y comienza a observar lo que va sucediendo a su alrededor.

El narrador se fija en una señorita que está sentada junto a él. Describe primero los rasgos de su cara: la nariz, los ojos, la boca, después la cabeza. Nos recuerda otras descripciones clásicas como la de Garcilaso en el soneto XXIII

> En tanto que de rosa y de azucena
> se muestra la color en vuestro gesto,
> y que vuestro mirar ardiente, honesto,
> con clara luz la tempestad serena;
> y en tanto que el cabello, que en la vena
> del oro se escogió, con vuelo presto
> por el hermoso cuello blanco, enhiesto,
> el viento mueve, esparce y desordena:
> coged de vuestra alegre primavera
> el dulce fruto antes que el tiempo airado
> cubra de nieve la hermosa cumbre.
> Marchitará la rosa el viento helado,
> todo lo mudará la edad ligera
> por no hacer mudanza en su costumbre.

Después, el autor describe psicológicamente a la mujer.

Pero el narrador sigue observando y centra su atención ahora en una conversación. Se quiere distanciar del personaje para que la acción continúe. Esto lo consigue con una anáfora «Algo pasa por la acera que interrumpe estos propósitos...» (pág. 144).

Ahora va a utilizar para la descripción una técnica casi cinematográfica, avanzando como si se tratara de una cámara.

(3) Explica cómo describe el narrador a los personajes. Tanto física como psicológicamente.

(4) Para caracterizar al matrimonio de ancianos que aparece en el cuento Blasco Ibáñez acude a la mitología griega y les pone el nombre

de dos personajes mitológicos. Busca la historia de Filemón y Baucis y escribe un relato que tenga en común el mismo argumento.

ACTIVIDAD 7

(1) Los hermano Quintero en el cuento *Los preguntones* pretenden imitar el habla popular andaluza, especialmente cuando habla Cristóbal.

En la mayoría de los casos son fenómenos de tipo morfológico o fonético, y en muy pocas ocasiones sintácticos:

- Hay confusión entre r/l «er mar» por *el mar.*
- Asimilación del fonema *ll* con el fonema *y:* «estreya» por *estrella*.
- Pérdida de la consonante sonora *—d—* al final de palabra «na» por nada.
- Apócope de la vocal final «mu» por *muy.*
- Apócope de la consonante líquida final «Cristóba» por *Cristóbal*.

(2) Busca otros rasgos distintos y explica el cambio que se ha producido.

(3) Estas características se pueden encontrar también en hablas juveniles. Escribe un cuento en el que alguno de los personajes imite el habla juvenil.

(4) En el cuento *El pobrecito* hay dos ideas sobre el matrimonio que se oponen: la de José Luis y la de sus tíos; descúbrelas y analiza críticamente los argumentos de cada una de las posturas.

ACTIVIDAD 8

(1) El cuento de Pío Baroja *Mari-Belcha* es un monólogo interior en el que el narrador nos cuenta sus sentimientos hacia la muchacha que da título al cuento. Busca los recursos narrativos que utiliza el autor.

(2) Analiza la descripción que hace de Mari-Belcha y compárala con la descripción del cuento de *El beso* de Blasco Ibáñez.

(3) En el cuento *El grito en el mar* son muy interesantes las ideas que tiene el narrador sobre el mar, busca las comparaciones que hace del mar con otras realidades y explica cómo es el mar que se describe en el cuento.

(4) Los cuentos que hemos seleccionado de Pío Baroja, no son propiamente narraciones en las que sucede algo, sino pensamientos del autor sobre distintos aspectos de la vida: una mujer, el mar o la vida. Analiza y comenta críticamente la comparación que hace Pío Baroja de los tiovivos con la vida de los hombres sencillos.

ACTIVIDAD 9

(1) Los escritores de la Generación del 98 sentían gran admiración por las gentes y las tierras de Castilla. Les llamaba la atención el temperamento adusto y austero de los habitantes castellanos influidos por el paisaje en el que viven.

En el cuento *Una flauta en la noche,* Azorín describe una ciudad castellana; analiza esta descripción y comenta los rasgos más importantes con los que caracteriza a la ciudad.

(2) En este relato el tiempo de la narración juega un papel importante; analiza los recursos que utiliza el autor para que el lector tenga la impresión del paso del tiempo.

(3) Azorín utiliza el cuento del *Cura de Maqueda* para contarnos sus ideas sobre distintos aspectos como son el paso del tiempo; la imagen que aparece en *El Lazarillo* sobre los clérigos; incluso sobre la autoría del mismo *Lazarillo.* Busca estas ideas y coméntalas críticamente.

(4) En este mismo cuento hay también una descripción del cura de Maqueda (pág. 196 y siguientes) que se mezcla con la descripción de la casa. Realiza de nuevo la descripción separando los datos que da sobre el físico del cura de Maqueda y sobre la casa.

(5) También es importante el tratamiento que hay del tiempo narrativo. Analiza las interferencias que hay entre el tiempo de la narración y el tiempo al que continuamente está remitiendo el cura de Maqueda.

ACTIVIDAD 10

① Gabriel Miró en el último cuento compara el comportamiento de un águila con el de un pastor. Es un recurso que utiliza Miró para describir psicológicamente al personaje del pastor: frente a la grandeza del animal se muestran los sentimientos poco humanos del pastor.

② Busca los rasgos de agresividad del pastor y realiza una narración donde se critiquen de forma positiva estos elementos negativos.

ACTIVIDAD 11

Guía para el comentario de texto

Selecciona el cuento literario que te guste más y vuelve a leerlo atentamente, sin prisas. Deja al narrador o a los personajes que te cuenten el relato, tú escucha atento.

Ahora, haz un resumen breve del cuento, imagínate que le estás contando a un amigo la última película que has visto.

El siguiente apartado te va a permitir contextualizar la obra. Puedes preguntarte primero qué lugar ocupa dentro de la producción del autor: ¿es un cuento aislado o forma parte de una estructura más compleja, como puede ser una novela o una obra de teatro?

Después debes preguntarte la influencia de las circunstancias sociales que vive el autor en la obra que estás analizando.

Hasta aquí hemos preparado el material para realizar el comentario de textos: toda la información que has recogido te va a servir para analizar, entender e interpretar mejor el texto.

El primer paso es descubrir el tema principal de la obra. Normalmente los cuentos tienen estructuras muy simples y puede que todo gire en torno a un tema, pero en algunos más complejos aparecerán temas secundarios relacionados con el principal.

Una vez que has descubierto el tema puedes analizar la estructura del cuento, en dos aspectos: la disposición de las ideas a lo largo del texto, y los recursos lingüísticos que ha empleado el autor para recrear ante el lector el mundo del relato. Para realizar este apartado puede ayudarte el seleccionar uno o varios párrafos que a tu juicio sean significativos.

El comentario se termina con la opinión del comentarista. Esta parte es muy personal, pero puede ayudarte el comentar aquellos aspectos del cuento que más te han llamado la atención o las ideas que te han resultado más interesantes y sugerentes; también puedes comentar aquellas otras que no te han gustado. Debes procurar que todas tus aportaciones estén siempre justificadas y documentadas con datos del texto.

Bibliografía

AA.VV.: *Historia de la Literatura Española.* Vol. II: *Desde el siglo XVIII hasta nuestros días.* Madrid, Unione Tipografico-Editrice Torinese y Ediciones Cátedra, 1990.

Es en esencia la traducción de la obra *Storia della civiltà letteraria en Espagna.* Prestigiosos especialistas han desarrollado los diferentes temas. Se trata de un manual de literatura de tipo medio dedicado al estudiante español.

Álvarez Quintero, Serafín y Joaquín: *Obras Completas.* Tomo VII. Prólogo de Rafael Narbona. Madrid, Espasa-Calpe, 1953.

Se ha recogido en este tomo toda la creación no teatral de los autores: cuentos, crónicas, discursos, autocríticas, estudios, artículos, poesías...

Los dos cuentos seleccionados figuran en el apartado «Cuentos» con el que se abre este último volumen de sus *Obras Completas.*

Azorín: *Reflejos de España.* Edición de Beatriz Maurakis de Fiore. Buenos Aires, Ed. Kapelusz, 1971.

Contiene esta obra un interesante estudio preliminar en el que la autora aborda el concepto y características de la Generación del 98, así como el estudio de la figura y obra de Azorín. «Una flauta en la noche», relato tomado de *Castilla* (1912), figura en esta selección.

Azorín: *Obras selectas.* Estudio preliminar de Ángel Cruz Rueda. Madrid, Ed. Biblioteca Nueva, 1953[2].

Es una amplia selección, más de 1.500 páginas, de 22 obras completas y de una amplia selección de cinco obras de cuentos, entre los que se encuentra «El cura de Maqueda», perteneciente a su obra *Sintiendo a España.* La obra se abre con una semblanza de Azorín y se cierra con una extensa bibliografía, ambas a cargo de Ángel Cruz.

Baroja, Pío: *Fantasías vascas*. Madrid, Espasa-Calpe, col. Austral, 1941. (1975^{6}). Págs. 20-22.

La obra muestra el profundo conocimiento y enamoramiento que el autor tiene del paisaje y de las gentes de su tierra natal. La constituyen diecisiete estampas. Las que hemos incluido en nuestra antología se corresponden con la cuarta, sexta y décima.

Blasco Ibáñez, Vicente: *Cuentos Valencianos*. Valencia, Imprenta Manuel Alufe, 1896.

La obra se divide en dos partes; en la primera se reproducen los cuentos publicados en *El Pueblo,* durante 1895-1896 y en la segunda, con portadilla propia y bajo el título de *El País de Barbarroja (una semana en Argel)* los artículos de viajes aparecidos en *El Pueblo* del 14 al 22 de mayo de 1895.

Blasco Ibáñez, Vicente: *El préstamo de la difunta*. Valencia, Prometeo, 1921.

Más que una novela corta, como se presenta en varias bibliografías, es un conjunto de catorce relatos de los cuales el primero da título a la obra. *Un beso,* segundo de los relatos seleccionados del autor, es el que ocupa el noveno lugar.

Casanovas M., Luis: *Cuentos famosos, III*. Selecc., León, Everest, 1975.

De esta selección de cuentos hemos tomado el relato titulado *Sancha* de Blasco Ibáñez.

Darío, Rubén: *Azul*. Madrid, Espasa-Calpe, col. Austral, 1937, 1966^{14}.

La obra se abre con una extensa carta/prólogo de Juan Valera, donde el autor realista muestra el entusiasmo que despertó en él esta primera obra del poeta nicaragüense. Los poemas que incluye esta obra no son muy numerosos y, en cambio, sí abundan los textos líricos en prosa y una serie de relatos breves entre los que se incluye el primero de nuestra selección.

Darío, Rubén: *Obras Completas*. Vol. VII. Madrid, Imprenta G. Hernández y Galo Sáez, 1922.

El segundo de los cuentos que hemos seleccionado del autor es el que figura el tercero de este volumen que lleva el subtítulo de *Cuentos y crónicas.*

Darío, Rubén: *Cuentos completos,* edición y notas de Ernesto Mejía Sánchez, estudio preliminar de Raimundo Lida. México, Fondo de Cultura Económica, 2.ª ed., 1994.

En esta obra, que recoge los más de ochenta cuentos escritos por el autor, también figuran los que hemos incluido en esta antología.

Díez Rodríguez, Miguel: *Antología del Cuento Literario*. Madrid, Ed. Alambra-Logman, 1988, 1995.

Es una antología, en la que figuran varios de los cuentos de esta selección, que tiene un interesante estudio preliminar, junto con una bibliografía comentada, y que recoge cuentos de autores españoles, hispanoamericanos y de habla no hispana de los siglos XIX y XX.

Jean, Georges: *El poder de los cuentos*. Barcelona, Pirene, col. Dejadles leer, 1988. Traducción de Caterina Molina.

Obra de divulgación en la que el autor se propone despertar la curiosidad, en los lectores y en los pedagogos, sobre la diversidad de cuentos existentes en la literatura universal. Hace hincapié en la importancia de la literatura oral y cómo ésta conduce a la literatura propiamente dicha. Igualmente resalta el poder que los cuentos han ejercido sobre la imaginación de los niños de hoy y de siempre.

Menéndez Pidal, Gonzalo y Bernis, Elisa: *Antología de cuentos de la literatura universal*. Bilbao, Labor, 3.ª ed., 1955.

Los autores han llevado a cabo una amplísima selección de cuentos que abarca desde la literatura egipcia, griega, india y árabe hasta la literatura europea del primer tercio del siglo XX, sin dejar de incluir cuentos de la tradición actual de las más variadas latitudes. Acompañan interesantes notas a los centenares de cuentos seleccionados.

Martí, José: *Edad de Oro. Publicación mensual de recreo e instrucción dedicada a los niños de América*. New York, Ed. A. Dacosta Gómez, 1889.

Cada número contiene cuentos, artículos sobre temas muy diversos, biografías, descripciones de juegos y de costumbres, fábulas y versos. Todo el contenido de la revista es original del autor con la finalidad de que contribuya a la agradable instrucción de los niños de habla castellana en América.

Martí, José: *Los zapaticos de rosa*. León, Everest, 1997.

Se trata de una edición asequible de esta obra que también se encuentra en la revista citada. Se pueden consultar igualmente materiales interesantes sobre la vida y obra de J. Martí en la página de internet: <http://josemarti.org/temas/obras/laedaddeoro/cuentos/>.

Trigo Felipe: *Cuentos ingenuos*. Madrid, Clan, imp., col. Cuentos de Autores Españoles n.º 14. 1998, págs. 47-50, 57-61 y 79-83.

Es la recopilación de cuentos más interesante de las realizadas por el autor. Consta de diecinueve cuentos, entre los que se incluyen los tres que hemos seleccionado en la presente obra. Contiene prólogo y bibliografía de José María Fernández Gutiérrez, así como datos biográficos del autor a cargo de Juan Casamayor Vizcaíno.

Unamuno, Miguel de: *Cuentos de mí mismo*. Selección e introducción de Jesús Gálvez Yagüe; ilustraciones de Marina Arespacochaga. Madrid, Clan. 1997.

Los cuatro textos de nuestra selección figuran en esta obra y la introducción incluye una biografía del autor y un estudio de las características más sobresalientes del relato breve en Unamuno.

Unamuno, Miguel de: *Obras Completas*. Ordenación, prólogo y notas de Manuel García Blanco. Buenos Aires, Ed. Sudamericana. 1997.

En el tomo II, bajo el título *Relatos novelescos (1886-1932)*, se recogen treinta y dos textos del autor.

Unamuno, Miguel de: *Obras Completas*. Tomo II. Edición de Ricardo Sanabre. Madrid. Biblioteca Castro, Ed.Turner, 1995.

Esta obra muestra el estado actual de la cuestión con ochenta y tres cuentos.

Los cuentos que figuran en nuestra selección los publicó por primera vez Unamuno, como era su costumbre, en los siguientes periódicos y revistas: *Nervión*, Bilbao, 7.9.1891; *El Imparcial*, Madrid, 20.5.1895; *La Ilustración Española y Americana*, Madrid, 8.1.1900; los tres primeros, respectivamente, el último fue escrito durante la gestación de *Vida de Don Quijote y Sancho*, hacia 1905.

Valle-Inclán, Ramón M.ª del: *Jardín umbrío*. Madrid, Espasa-Calpe, col. Austral, (1946). 1975[11].

Se trata de una edición muy asequible de esta obra, que el autor subtitula: *Historias de santos, de almas en pena, de duendes y ladrones*. En ella figuran los cuatro cuentos de nuestra antología.

Prepararon esta edición

Félix Navas López nació en Calera y Chozas (Toledo) en 1949. Es miembro del grupo de Literatura Infantil y Juvenil de la CCEI, donde ha colaborado en la publicación de la obra *Más de mil libros infantiles y juveniles*.

Es profesor de Lengua y Literatura de Bachillerato en el Colegio Ntra. Sra. del Recuerdo de Madrid. Forma parte del *Grupo Azul 21* como autor y coordinador del equipo para la publicación de distintos libros de texto de Educación Primaria.

Eduardo Soriano Palomo nació en San Lorenzo de El Escorial (Madrid) en 1959.

En la actualidad, es profesor de Bachillerato en el Colegio Ntra. Sra. del Recuerdo.

Ha publicado un diseño curricular para el área de Lengua y Literatura. Es integrante del *Grupo Azul 21* como autor y coordinador del equipo para la publicación de distintos libros de texto de Educación Primaria.

Ambos son autores de la edición de *Cuentos del Siglo de Oro* publicada en esta misma colección de la editorial Castalia.

ESTE LIBRO
SE TERMINÓ DE IMPRIMIR
EL DÍA 24 DE SEPTIEMBRE DE 2004

Títulos publicados

1 **Cuentos**
Edición de Kepa Osoro Iturbe
190 pág.

P .A. Alarcón La Comendadora «Clarín La rosa de oro / La conversión de Chiripa / J. M. de Pereda: Para ser un vun arriero / B. Pérez Galdós El Don Juan / ¿Dónde está mi cabeza? / J. Valera La reina madre / El caballero del Azor

2 **El Romancero**
Edición de José María Legido
192 pág.

El romancero es un conjunto de poemas que figuran entre lo más hermoso que ha dado la literatura universal.
Los romances aparecen agrupados en: I. novelescos y de aventuras; II. épicos y literarios; III. históricos y IV. de la tradición oral moderna.

3 **Alejandro Casona**
La dama del alba
Edición de Fdo. Doménech Rico
138 pág.

Escrita con extraordinaria habilidad, tiene una trama perfecta que va dosificando el misterio y provocando constantes sorpresas en el espectador, manteniendo siempre la atención de éste, de forma que cuando parece resolverse un enigma, siempre se encuentra otro.

4 **Cuentos de la Edad Media**
Edición de J.A. Pinel Martínez
204 pág.

Los ocho siglos de convivencia islámica, judía y cristiana constituyen para la prosa incipiente de la Península un fecundo período de fermentación en el que cada cultura transmite sus influenciasy posibilita una situación favorable para la expansión del género.

5 **Poesía romántica**
Edición de Rafael Balbín
202 pág.

La temática esencial de la poesía romántica surge de un impulso incontrolable del autor por exteriorizar su intimidad, en un alarde de exhibicionismo sentimental.

6 **Dos retablos y un retablillo**
Miguel de Cervantes
El retablo de las maravillas
El retablo de maese Pedro
Federico Gª Lorca
El retablillo de don Cristóbal
Edición de Ana Herrero
124 pág.

La palabra «retablo» nombraba la tabla principal que se ponía sobre un altar y que representaba escenas religiosas. No mucho después, «retablo» pasó a nombrar también el teatro de marionetas, traído por artistas ambulantes que recorrían plazas y calles, moviendo los muñecos por un alambre mientras cantaban el romance de la historia.

7 **Poesía de los siglos de oro**
Edición de A. López-Casanova
250 pág.

Con 1526 como año emblemático y la figura de Garcilaso de la Vega como símbolo, la lírica española inicia en el segundo cuarto del siglo XVI la ruta de unos nue- vos modos poéticos que representan uno de los más decisivos cambios de su his- toria, y con los que se abre a los signos de la modernidad.

8 Benito Pérez Galdós
Marianela

Edición de Magdalena Aguinaga
268 pág.

Marianela nos cuenta la trágica vida de la joven Nela, huérfana de quince años, pobre, fea y deforme, enamorada de Pablo, de familia adinerada, dotado de todas las perfecciones posibles, pero ciego. Estas dos criaturas se complementan: Pablo ve con los ojos de Marianela y ella se siente hermosa en el mundo interior de Pablo.

9 Lope de Vega
El perro del hortelano

Edic. de Paula Barral Cabestrero
220 pág.

Trata del conflicto al que se enfrenta la condesa Diana, enamorada de su secretario Teodoro, porque éste es de una clase inferior. El código del honor impide que la pareja se case, pero la celosa Diana, tampoco consiente en que Teodoro tenga relaciones con Marcela, como «el perro del hortelano que ni come ni deja comer».

10 Cuentos (1940-1960)

Edición de Jesús Arribas
136 pág.

Francisco Ayala The Last Supper
Camilo J. Cela
El club de los mesías
Miguel Delibes La conferencia
Ignacio Aldecoa
«Chico de Madrid»
Carmen Martín Gaite
La chica de abajo
Ana María Matute La isla

11 Relatos de humor del siglo XX

Edición de J. L. Aragón Sánchez
112 pág.

Juan Pérez Zúñiga
La Tenacilla de Oro
Ramón Pérez de Ayala La nación
Ramón Gómez de la Serna
El incongruente
Enrique Jardiel Poncela La momia analfabeta del Craig Museum
Francisco García Pavón Se relata el robo de los once jamones...

12 Cuentos del Siglo de Oro

Edición de F. Navas y E. Soriano
196 pág.

El cuento literario durante el siglo XVI y XVII vive un esplendor similar al de toda la literatura española. Como queda patente en esta antología, el género se abre a manifestaciones que van desde los cuentos cortos de Juan de Timoneda, muy parecidos a los chistes actuales, a las novelas cortas de María de Zayas

13 Cuentos andaluces

Edición de A. Gómez Yebra
214 pág.

Yosef ben Meir ben Zabarra
Jacob de Córdoba y el noble
Don Juan Manuel Lo que sucedió a don Lorenzo Suárez...
Cuentos populares: El agua amarilla
La princesa encantada
La adivinanza del pastor
Fernán Caballero Un quid pro quo
Pedro A. de Alarcón
El carbonero alcalde
Arturo Reyes En el tren
José María Pemán Las niñas
Juan Ramón Jiménez El zaratán
J. Eslava Galán La primera comunión
Julio Alfredo Egea Las calles

14 Teatro cómico popular

Ed. de B. Pérez Sánchez y Á. Muñoz
184 pág.

Lope de Rueda La cazuela o la tierra de Jauja / Las aceitunas
Miguel de Cervantes Los habladores / Entremés de la cueva de Salamanca
Luis Quiñones de Benavente
Los sacristanes Cosquillas y Talegote
Ramón de la Cruz Manolo
Serafín y Joaquín Álvarez Quintero
Los chorros del oro
Carlos Arniches
Los pobres
Los culpables

15 Pedro Muñoz Seca
La venganza de Don Mendo
Edición de Montserrat Ribao
176 pág.

La venganza de don Mendo se desarrolla en el siglo XII: don Mendo es un trovador sin fortuna, galante y hombre de honor, pero a raíz de la traición de su amada se convierte en un don Juan que se deja querer por cuanta mujer se le acerca y la heroína, Magdalena, aparece como una cruel arpía sin principios.

16 Cuentos madrileños
Edición de J. Montero Padilla
192 pág.

Antonio Liñán y Verdugo El Mequetrefe
Isidoro Fdez. Flórez «Fernanflor» La salsa de los caracoles
Emilia Pardo Bazán En tranvía
Azorín Los pirantes
Manuel Machado El saber de la miseria
J. Montero Uno, como hay muchos
Emilio Carrere La casa vieja
Pedro de Répide La dama de la rosa
Emiliano Ramírez Ángel El hombre que se pasa la vida en la Puerta del Sol
Tomás Borrás El perro de la obra
Camilo José Cela Noventa minutos de rebotica
Alonso Zamora Vicente Mañana de domingo
Antonio Pereira La hueste
Ignacio Aldecoa El aprendiz de cobrador
Josefina. Aldecoa Madrid, otoño, sábado
J. María Merino Signo y mensaje

17 Gustavo A. Bécquer
Leyendas
Edición de Gloria Hervás
168 pág.

Catedrales góticas, castillos, ruinas, caballeros, pajes, religiosos; duelos nocturno, sencuentros amorosos, apariciones de ultratumba son reconstruidos a través del milagro de una prosa poética en la que se reúnen emoción, misterio y belleza en un ambiente de maravilla lírica, similar al de los cuentos de hadas.

18 Miguel de Cervantes
Dos novelas de El Quijote
El curioso impertinente. El cautivo
Edic. de F. Sevilla Arroyo
188 pág.

Anselmo, amigo inseparable de Lotario, le fuerza a que ponga a prueba la fidelidad de su esposa Camila... El hijo de un hidalgo montañés es cautivado por los corsarios berberiscos tras la batalla de Lepanto y conducido a los baños argelinos...

19 Cuentos de cine
Edición de Jesús Fernández Vallejo
216 pág.

Vicente Blasco Ibáñez La vieja del cinema
Serafín y Joaquín Álvarez Quintero Una película del «Quijote»
Francisco Ayala Polar, estrella
Carmen Marín Gaite La oficina
Rafael Azcona Cinema Ideal
Jesús Fernández Santos El doble
José María Merino El niño lobo del Cine Mari
Marina Mayoral Adiós, Antinea
Gonzalo Suárez Un paciente impaciente
José Luis Garci Los mejores años de nuestra vida

20 El Cid Campeador
Edic. de F. López Estrada y Jorge Roselló
156 pág.

Un recorrido, en compañía del Cid, por algunos de los géneros que forman la rica historia de la literatura, desde los poemas medievales y el romancero hasta el teatro y el cine.

21 Antología Prima de la Poesía española

Edición de Manuel Camarero
274 pág.

Un panorama completo de la poesía española desde la aparición de las primeras muestras líricas en castellano, allá por los siglos XII-XIII hasta nuestros días (José Hierro, José Agustín Goytisolo, Claudio Rodríguez, Joan Manuel Serrat, Jon Juaristi, Joaquín Sabina, Luis Gª Montero...), con textos representativos de cada época, de cada género y, en definitiva, de cada autor seleccionado.

22 Carlos Arniches
La venganza de la Petra

Edición de María Angulo Egea
126 pág.

La venganza de la Petra esconde, tras un sencillo e ingenuo argumento –los recursos que utiliza una mujer guapa, ayudada por el ingenio de un padre muy singular, para recuperar a un marido casquivano y juerguista–, un despliegue de mecanismos típicamente arnichescos, coherentemente estructurados y con una finalidad última: hacer reír al espectador.

23 Benito Pérez Galdós
Zumalacárregui

Edición de Fco. Muñoz Marquina
324 pág.

Con esta novela, escrita en la primavera de 1898, comienza la tercera serie de *Episodios nacionales*. Galdós elige como protagonista a Tomás Zumalacárregui, el más importante general de las fuerzas carlistas, glorificado por sus seguidores y demonizado por los isabelinos, y lo retrata entre luces y sombras, pero con una ecuanimidad reconocida incluso por los historiadores carlistas más vehementes.

24 Robert L. Stevenson
El diablo en la botella
La isla de las voces

Edic. y trad. de A. Hermosín y Juan A. Muñoz 120 pág.

La idea de *El diablo en la botella* ya aparece en repetidas ocasiones en la literatura, desde la lámpara de Aladino hasta el pacto de *Fausto*. Stevenson mezcla imágenes de tradición oriental con la idea de condenación del cristianismo y con elementos de la cultura de Polinesia. *La isla de las voces* plantea, dentro de una historia de amor, el conflicto entre la cultura nativa de las isalas y las creencias de los blancos.

25 Cuentos extremeños

Edic. de Carmen Fdez-Daza
264 pág.

1. Cuentos de transmisión culta
Desde principios del siglo XX, cuando un grupo de jóvenes fundara la publicación periódica *Los cuentos extremeños*, que incluyó a Felipe Trigo, Emigdio Plsencia, Julio Acha, Benito Sánchez Mata, Juan Fdez. Martín-Mora, Fco. Navarro y Mario Roso de Luna..
2. Cuentos de transmisión oral
Desde las primeras recopilaciones destacadas de cuentos y leyendas, refranes y chascarrillos (de Zapata, Sorapán y Correas), hasta que, sin duda bajo la influencia de los cuentos editados por los hermanos Grimm en Alemania en 1812, nacieran las sociedades extremeñas de folclore.

26 Calderón de la Barca
La dama duende

Edic. de Mª Teresa Otal
192 pág.

Comedia de ambiente urbano donde se dan cita el amor, los celos y las reglas del código del honor del siglo XVII, junto con abundantes guiños cómicos, equívocos, simulaciones y enredos. La acción gira en torno a las tretas que inventa doña Ángela para burlar la pesada vigilancia de sus hermanos y moverse a su antojo.

27 **Clarín**
¡Adiós, «Cordera»! y otros relatos breves
Edición de Teresa Otal Piedrafita
156 pág.

Aun cuando la subjetividad a la hora de escoger los textos era inevitable, en esta antología se he intentado mostrar relatos escritos en momentos diferentes para poder ver mejor la evolución del autor, así como que hubiera textos de variado carácter que trataran de distintos temas, que tuvieran posibilidades estructurales diversas y también distinta ambientación.
Los ocho relatos de la selección son:
El diablo en Semana Santa /
Mi entierro / La Ronca /
¡Adiós, «Cordera»! /
El dúo de la tos / El sustituto /
El entierro de la sardina / Dos sabios

28 **Giovanni Boccaccio**
El Decamerón [Diez cuentos]
Edición y traducción de
Juan Varela-Portas
192 pág.

Una selección de los cien cuentos que componen la obra maestra de Boccaccio *El decamerón*, narrados por siete damas y tres jóvenes en diez días (diez días es justamente lo que significa en griego «decamerón»). El narrador cuenta cómo durante la epidemia de peste florentina de 1348, este grupo de diez personas decide huir de la ciudad y refugiarse en el campo. Allí, para entretenerse, se reúnen a contarse historias, a cantar y bailar. Cada día un rey o reina de la reunión impone un tema sobre el que cada uno de los compañeros relatará un cuento....

29 **Horace Walpole**
El castillo de Otranto
Edición y traducción de
Alejandro Valero
156 pág.

El principal personaje de *El castillo de Otranto* es el castillo mismo, omnipresente durante toda la obra. En él y en una iglesia cercana se desarrolla toda la intriga, protagonizada por el usurpador del principado, Manfredo, para que no se cumpla una profecía que vaticina que él será desposeído del castillo y su linaje castigado.

30 **Homero**
Ilíada / Odisea [Selección de textos]
Edición de
Mª Esperanza Cabezas y
Luis Ferrero Carracedo
346 pág.

La *Ilíada* y la *Odisea* son dos tesoros milenarios que un pueblo genial –el pueblo griego que creó la tragedia, la filosofía y la democracia– nos dejó para gozarlos y para alimentar y revitalizar la savia de nuestra grandiosa cultura, la que configuró a Europa y que hoy, en cierto modo, extiende su presencia a todos los rincones de la tierra.